# 엄마와 아이를 위한
# 에코안다리아 모자와 가방

아사히신문출판 지음 | 김한나 옮김 | 정혜진 감수

지금이책

# contents

| NUMBER | | | PAGE |
|---|---|---|---|
| 01 | 02 | 03 | 짧은뜨기로 만든 모자  4-5 |
| 04 | 05 | | 리본 모자  6-7 |
| 06 | 07 | | 페도라  8-9 |
| 08 | | | 포셰트  9 |
| 09 | 10 | | 폭이 넓은 선을 넣은 모자  10-11 |
| 11 | 12 | | 하트 모양 포셰트  14 |
| 13 | | | 카메라 모양 포셰트  14 |
| 14 | | | 곰돌이 가방  15 |
| 15 | | | 세일러 모자  16 |
| 16 | | | 코끼리 모양 포셰트  16 |
| 17 | 18 | | 딸기와 바나나 모양 포셰트  17 |
| 19 | 20 | | 사파리 모자  18-19 |
| 21 | 22 | | 곰돌이 귀를 단 모자  20 |
| 23 | | | 고깔모자  21 |
| 24 | 25 | | 토트백  24-25 |
| 26 | 27 | | 그래니백  26 |
| 28 | | | 보터  27 |
| 29 | 30 | | 캡  28 |
| 31 | 32 | | 포니테일용 모자  29 |
| 33 | 34 | | 리본장식 모자  30-31 |
| 35 | 36 | | 검은 리본을 단 가방  32-33 |

**ECO ANDARIA** *Coordination* **STYLE**
에코안다리아로 코디하기  12-13, 22-23, 34-35

뜨개질을 시작하기 전에  36

기본 테크닉  37

코바늘뜨기의 기초  78

실을 당기는 힘에 따라 완성 치수가 달라질 수 있습니다.

햇볕을 가려줘서 여름날 외출할 때 하나쯤 갖고 싶은 챙이 넓은 모자.
짧은뜨기만으로 뜰 수 있으므로 초보자에게도 추천합니다.

HOW TO MAKE
01·02 아동용, 03 성인용 P.38
DESIGN 가와이 마유미  MAKING 세키야 사치코

01

03

짧은뜨기로 만든 모자

리본 모자

05

04는 03과 똑같은 형태지만 테두리에 선을 넣고 리본을 감았습니다.
05는 01·02보다 크기가 조금 작아서 자매가 커플로 써도 좋아요.

HOW TO MAKE
04 성인용, 05 아동용 P.38

DESIGN 가와이 마유미   MAKING 세키야 사치코

06

페도라

활동적인 남자아이에게 잘 어울릴 듯한 페도라는 엄마와 아이가 커플로 써보세요.
녹색이나 파랑을 비롯해 자연과 대지를 연상시키는 카키, 베이지 등 어스 컬러의 실로 뜨면 멋스럽게 완성된답니다.

HOW TO MAKE
06 아동용, 07 성인용 P.42

DESIGN 후카세 도모미

# 07

# 08

포세트

예쁜 겨자색이 눈에 확 띄는 작은 포셰트입니다.
크로스로 메고 가볍게 외출하고 싶어지네요.

HOW TO MAKE
08 성인용 P.41

DESIGN 노구치 도모코

09

폭이 넓은 선을 넣은 모자

폭이 넓은 선을 넣고 챙의 뒤쪽 가운데가 나뉘게 했습니다.
머리를 뒤로 묶어도 챙이 걸리적거리지 않는 기능적인 디자인이에요.

HOW TO MAKE
09 성인용, 10 아동용 P.46

DESIGN blanco

10

# ECO ANDARIA
## *Coordination*
# STYLE 1
**에코안다리아로 코디하기**

**34**
꽃무늬 원피스에 눈부신 존재감을
발휘하는 P.31의
리본장식 모자를 매치한 코디.
샌들을 신어주면 발랄한 느낌이 들어서
도심에서 잘 어울릴 뿐 아니라
리조트룩으로도 제격이에요.

*Ladies Coordination*
**레이디스 코디네이션**

## 01+11
블라우스+체크무늬 스커트에
P.4-5의 모자를 매치했어요.
특별한 날 외출할 때도 딱 어울리는
품격이 느껴지는 코디랍니다.

*Kids Coordination*
키즈 코디네이션

## 하트 모양 포셰트
## 카메라 모양 포셰트

실루엣이 예쁜 하트 모양 포셰트와
자신도 모르게 셔터를 누르고 싶어지는
카메라 모양 포셰트입니다.

HOW TO MAKE
11·12 아동용 P.48, 13 아동용 P.49
DESIGN 아오키 에리코

# 14

동글동글한 생김새가 사랑스러운 곰돌이 얼굴 모양 가방입니다.
뒤쪽에 있는 입구에 스냅단추를 달아서 가방을 여닫을 수 있어요.

HOW TO MAKE
14 아동용 P.50

DESIGN 아오키 에리코

곰돌이 가방

# 15 세일러 모자 ✈ 코끼리 모양 포셰트 16

마린룩에 잘 어울리는 해군풍의 모자와
빼뜨기로 선을 그린 코끼리 모양 포셰트.
코끼리 꼬리처럼 보이는 프린지가 포인트랍니다.

**HOW TO MAKE**

15 아동용 P.52   DESIGN 기도 다마미
16 아동용 P.53   DESIGN 아오키 에리코

17 딸기와 바나나 모양 포셰트 18

아이가 가장 좋아하는 과일인
딸기와 바나나를 포셰트로 만들었습니다.
사탕이나 좋아하는 장난감 등을 넣어보세요.

HOW TO MAKE
17 아동용 P.54, 18 아동용 P.55
DESIGN 가마타 에미코

19

바람이 불어도 날아가지 않게 끈을 단 모자는 아웃도어에 잘 어울린답니다.
엄마와 아이의 모자 색상이 반전되게 배색해 시밀러룩을 즐길 수 있어요.

HOW TO MAKE
19 성인용, 20 아동용 P.56

DESIGN Little Lion

20

사파리 모자

곰돌이 귀를 단 모자는 캡 형태와 버킷햇 형태가 있습니다.
각각 큰 사이즈와 작은 사이즈를 소개하니 모양, 크기, 색상은 취향에 맞게 선택하세요.

**HOW TO MAKE**
21·22 아동용 P.58

DESIGN 가마타 에미코

## 곰돌이 귀를 단 모자

# 23

고깔모자

귀여움을 돋보이게 해주는 고깔모자.
모자가 잘 벗겨지지 않게 고무줄로 턱끈을 달아주면 좋아요.

HOW TO MAKE
23 아동용 P.45

DESIGN 우노 지히로

# ECO ANDARIA
## *Coordination*
### STYLE 2
에코안다리아로 코디하기

**07+08**

팬츠 스타일에는
P.9의 페도라와 포셰트를 매치하면
활동적인 느낌을 줍니다. 상의는 부드러운
흰색 블라우스를 선택해서 매니시한
스타일에 여성스러움을 더했습니다.

*Ladies Coordination*
레이디스 코디네이션

## 06+13

별무늬 셔츠에 P.8의 페도라와
P.14의 포셰트를 매치했습니다.
무늬가 인상적인 셔츠도
전체를 같은 계열의 색상으로 통일하면
멋진 스타일로 연출할 수 있어요.
여름에 여행갈 때도 잘 어울리는
코디랍니다.

### Kids Coordination
키즈 코디네이션

토트백

24

기성품인 가죽 바닥판을 사용해서 무늬뜨기로 만든 토트백이에요.
적당히 성긴 느낌을 주는 뜨개바탕이 잘 어울리며 수납력도 뛰어납니다.

HOW TO MAKE
**24·25** 성인용 P.60

DESIGN 가네코 쇼코

## 25

그래니백

입구에 주름을 잡아서 동글동글한 실루엣으로 완성했습니다.
작은 쪽은 아동용뿐 아니라 성인용 미니백으로 활용해도 좋아요.

HOW TO MAKE
26 아동용, 27 성인용 P.62

DESIGN 아오키 에리코

28

보터

깜찍한 아이에게 잘 어울리는 아동용 보터.
옆부분에 단 검은색 장식은 니트링을 사용해서 떴습니다.

HOW TO MAKE
28 아동용 P.66

DESIGN 하시모토 마유코

## 29

캡

## 30

짧은 챙 덕분에 너무 스포티해 보이지 않아서 다양한 옷과 매치하기 쉬워요.
아동용에는 다른 색상의 실로 폼폼을 달아주면 귀여움이 한층 더해집니다.

HOW TO MAKE
29 성인용, 30 아동용 P.68

DESIGN 노구치 도모코

## 포니테일용 모자

뒤쪽에 포니테일이나 땋은 머리를 밖으로 빼는 구멍을 만든 모자.
더운 여름날에 머리카락을 하나로 묶어서 쓸 수 있는
아이디어가 돋보이는 모자랍니다.

**HOW TO MAKE**

31 성인용, 32 아동용 P.70

DESIGN 가와이 마유미   MAKING 세키야 사치코

33

리본장식 모자

# 34

큼직한 리본을 달아서 우아하고 클래식한 분위기로 완성했습니다.
넓은 챙이 강렬한 햇볕을 완벽하게 차단해줍니다.

HOW TO MAKE
33 아동용 P.72, 34 성인용 P.74

DESIGN 가와이 마유미   MAKING 세키야 사치코

검은 리본을 단 가방

성인용은 클러치백, 아동용은 숄더백으로 만들어서
자연스럽게 커플 아이템을 연출했습니다.
검은색 테두리 장식과 작은 리본이 어른스럽고 멋스러워 보여요.

**HOW TO MAKE**
35 성인용, 36 아동용 P.76

DESIGN blanco

# ECO ANDARIA
## *Coordination*
### STYLE 3

에코안다리아로 코디하기

**16+30**

컬러풀한 옷에 가방을 매치할 때는
P.16의 포셰트처럼 옷에 들어간 색과
가방 색을 맞추면 자연스럽게
어울린답니다.
햇볕이 강한 날에는
P.28의 캡도 함께 써주세요.

*Kids Coordination*

키즈 코디네이션

**18 + 28**

코디의 주인공은 산뜻한 노란색 카디건과
P.17 바나나 모양 포셰트입니다.
P.27의 보터를 비롯하여 다른 아이템은
베이지색이나 검은색으로 차분하게 눌러주면
전체를 스타일리시한 느낌으로
통일할 수 있습니다.

*Kids Coordination*
키즈 코디네이션

# Pre-Lesson
## 뜨개질을 시작하기 전에

### 〈실과 재료〉

**에코안다리아**
목재 펄프를 원료로 한 재생섬유. 레이온 100퍼센트의 실로 보송보송 시원한 감촉이며 색상도 다양합니다.

**에코안다리아 크로셰**
에코안다리아에 비해 두께가 반 정도로 가는 실. 탄력과 장력이 적절해서 섬세한 뜨개질을 할 수 있습니다.

**에코안다리아(실물 두께)**

**에코안다리아 크로셰(실물 두께)**

**테크노로트**
(H204-593)
형상을 유지할 수 있는 심 부자재. 모자 챙 등에 심으로 사용해 감싸서 뜨면 형태를 유지할 수 있습니다. 실로 감싸서 뜨는 방법은 P.37 참조.

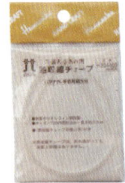

**열수축 튜브**
(H204-605)
테크노로트 끝부분을 처리할 때 사용합니다.

**사각 가죽 바닥판**
(베이지 / H204-617-1)
가방 바닥에 사용합니다. 바닥판 둘레의 구멍에 바늘을 넣어서 옆면을 뜹니다. 가죽 바닥판을 겉쪽, 보강용 플라스틱 바닥판을 안쪽으로 해서 두 장을 겹쳐 떠서 연결합니다.

### 〈에코안다리아 취급 방법〉

**실끝을 꺼내는 방법**
에코안다리아는 비닐봉지에 넣은 상태로 실타래 안쪽에서 실끝을 꺼내 사용합니다. 라벨을 벗기면 실이 풀려서 뜨기 어려워지므로 벗기지 않도록 주의하세요.

**뜨는 방법**
실을 뜨다 보면 뜨개바탕이 둘둘 말리기 마련인데 그 상태로 신경 쓰지 않고 떠도 괜찮습니다. 나중에 스팀다리미를 뜨개바탕에서 2~3센티미터 띄워서 스팀을 쐬어주면 놀랍게도 뜨개바탕이 깔끔하게 정돈됩니다.

**떴다가 풀어놓은 실은?**
잘못 떠서 푼 실은 자국이 생겨서 그대로 뜨면 코가 가지런해지지 않습니다. 스팀다리미를 풀어놓은 실에서 2~3센티미터 떨어뜨려 스팀을 쐬어주면 실이 펴져서 원래 상태로 되돌아옵니다.

### 〈마무리와 모자 크기 조정 방법〉

작품을 다 뜨고 나면 모자나 가방 안에 수건 및 신문지 등을 채워 넣어서 모양을 잡습니다. 스팀다리미를 뜨개바탕에서 2~3센티미터 띄워 스팀을 쐬어주고 모양을 잡아서 마를 때까지 그대로 둡니다. 마지막으로 스프레이 풀과 발수 스프레이를 뿌려주면 안심할 수 있습니다.

다 뜬 모자 크기(머리둘레)를 미세하게 조정하고 싶을 때는 다음과 같은 방법이 있습니다. 크기를 조금 늘리고 싶은 경우에는 뜨개코 간격을 넓혀주는 느낌으로 모자 속에 수건 등을 꽉꽉 채워 넣은 뒤 스팀다리미로 스팀을 쐬어줍니다. 반대로 크기를 조금 줄이고 싶은 경우에는 모자 안쪽에 시중에서 판매하는 모자 사이즈 조절 테이프를 붙이거나 모자 옆부분에 리본 및 끈을 감으면 1~2센티미터 크기를 조정할 수 있습니다.

어린아이에게는 필요에 따라 고무줄로 턱끈을 달아주면 좋습니다.

**스프레이 풀** (H204-614)
스팀다리미로 모양을 잡은 뒤 에코안다리아 전용 스프레이 풀을 뿌리면 형태를 오래 유지할 수 있습니다.

**발수 스프레이** (H204-634)
에코안다리아는 흡수성이 높은 소재이므로 발수 스프레이를 뿌려서 발수, 방염효과를 주는 것을 추천합니다.

# Basic Technique
기본 테크닉

〈테크노로트를 감싸서 뜨는 방법〉

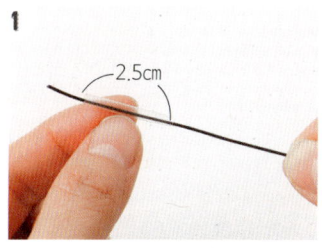

1. 시작. 열수축 튜브를 2.5센티미터 길이로 잘라서 테크노로트에 끼운다.

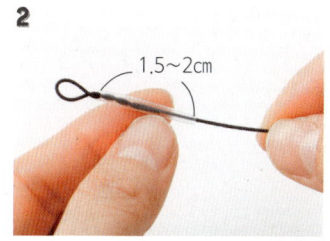

2. 테크노로트를 튜브 끝으로 뺀 뒤 반으로 접고 여러 번 꼬아서 고리(코바늘 끝이 들어갈 수 있는 크기)를 만든다. 꼰 부분을 튜브 안으로 다시 집어넣고 드라이기의 온풍으로 가열해 튜브를 수축시킨다.

3. 사슬뜨기로 기둥코를 만들고 시작부분의 코와 테크노로트를 꼬아 만든 고리에 코바늘을 넣어서 짧은뜨기한다.

4. 그런 다음 테크노로트를 감싸서 짧은뜨기한다.

5. 마지막코에서 5코 정도 전까지 뜨면 모양을 잡는다.

6. 테크노로트를 5코의 두 배 길이로 남기고 자른다.

7. **1**, **2**와 같은 방법으로 열수축 튜브를 끼운 뒤 테크노로트를 꼬아서 고리를 만들고 튜브를 수축시킨다.

8. 마지막코 전까지 뜨면 **3**과 같은 방법으로 마지막코와 테크노로트를 꼬아 만든 고리에 코바늘을 넣어 짧은뜨기한다.

〈사슬 연결하기〉  *쉽게 이해할 수 있도록 **2**~**4**는 실의 색을 바꿨습니다.

1. 작품을 다 뜨고 나면 실끝을 15센티미터 정도 남기고 자른 뒤 코바늘을 빼서 실끝을 빼낸다.

2. 실끝을 돗바늘에 끼우고 첫코의 머리(실 두 가닥)에 바늘을 통과시킨다.

3. 그런 다음 마지막코의 머리 가운데로 바늘을 넣는다.

4. 실을 빼면 사슬머리가 만들어진다. 첫코와 마지막코가 연결되어 깔끔하게 완성된다.

〈가죽 바닥판을 짧은뜨기로 연결하기〉

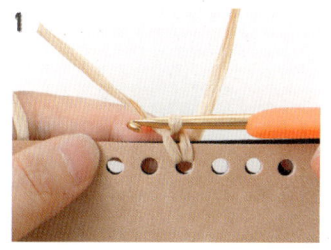

1. 실끝을 10센티미터 정도 남기고 가죽 바닥판의 구멍에 코바늘을 넣어서 사슬뜨기로 기둥코를 만든다.

2. 짧은뜨기한다. 작품에 따라서는 똑같은 구멍에 짧은뜨기를 2~3코씩 넣어 뜨기도 한다.

〈짧은뜨기로 감싸 뜨기〉

1. 심이 되는 실을 따라 감싸듯이 짧은뜨기한다.

2. 실을 바꿀 때는 실을 바꿀 코 앞에서 마지막으로 짧은뜨기한 실을 빼낼 때 심이 되는 실과 바탕 실을 바꾼다.

## 짧은뜨기로 만든 모자 PHOTO P.4-5,13

## 리본 모자 PHOTO P.6-7

**실** 하마나카 에코안다리아(40g 1볼)
  ①베이지(23) 90g / ②파랑(20) 60g 흰색(1) 30g / ③베이지(23) 110g
  ④샌드베이지(169) 105g 검정(30) 5g / ⑤베이지(23) 80g
**바늘** 하마나카 아미아미 양쪽 코바늘 라쿠라쿠 5/0호
**기타** 하마나카 테크노로트(H204-593) ①, ② 95cm / ③, ④ 110cm / ⑤ 85cm
  하마나카 열수축 튜브(H204-605) 각 5cm
  폭 1.5cm짜리 그로스그레인 리본 ④ 검정 130cm / ⑤ 파랑 110cm
**게이지** 짧은뜨기 17코 19단=10cm×10cm
**완성 치수** ①, ② 머리둘레 52cm 높이 16cm / ③, ④ 머리둘레 56.5cm 높이 18.5cm /
  ⑤ 머리둘레 49.5cm 높이 15cm

**뜨는 방법** 실 한 가닥을 사용해서 ②, ④는 지정한 배색대로 뜹니다.
원형 시작코를 잡아 짧은뜨기를 지정한 콧수만큼 넣어 뜹니다. 2단부터는 도안과 같이 코를 늘려가며 크라운을 짧은뜨기(②는 짧은뜨기 줄무늬)로 지정한 단수만큼 뜹니다. 챙은 짧은뜨기로 뜨는데 마지막 단은 테크노로트를 감싸서 뜹니다.
①, ③은 끈을 사슬뜨기로 뜨고 두 번 감아서 나비 모양으로 묶어줍니다.
④, ⑤는 리본을 감아서 나비 모양으로 묶어줍니다.

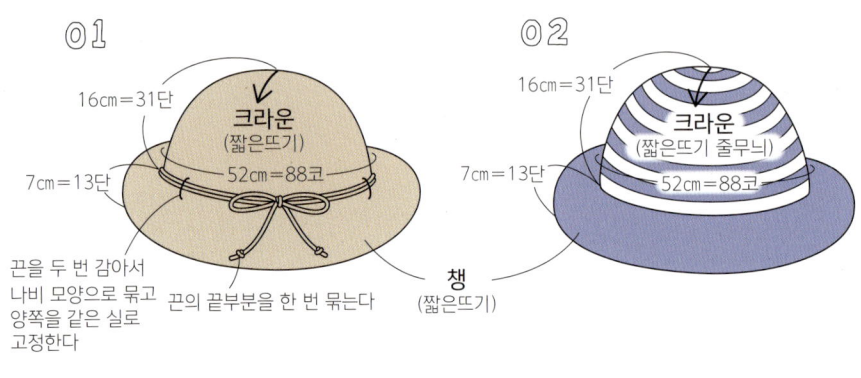

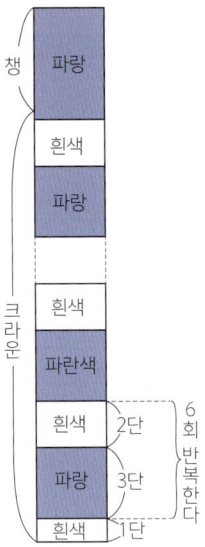

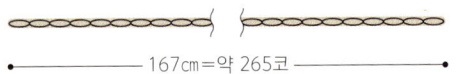

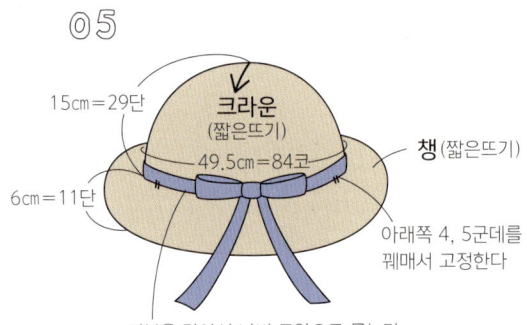

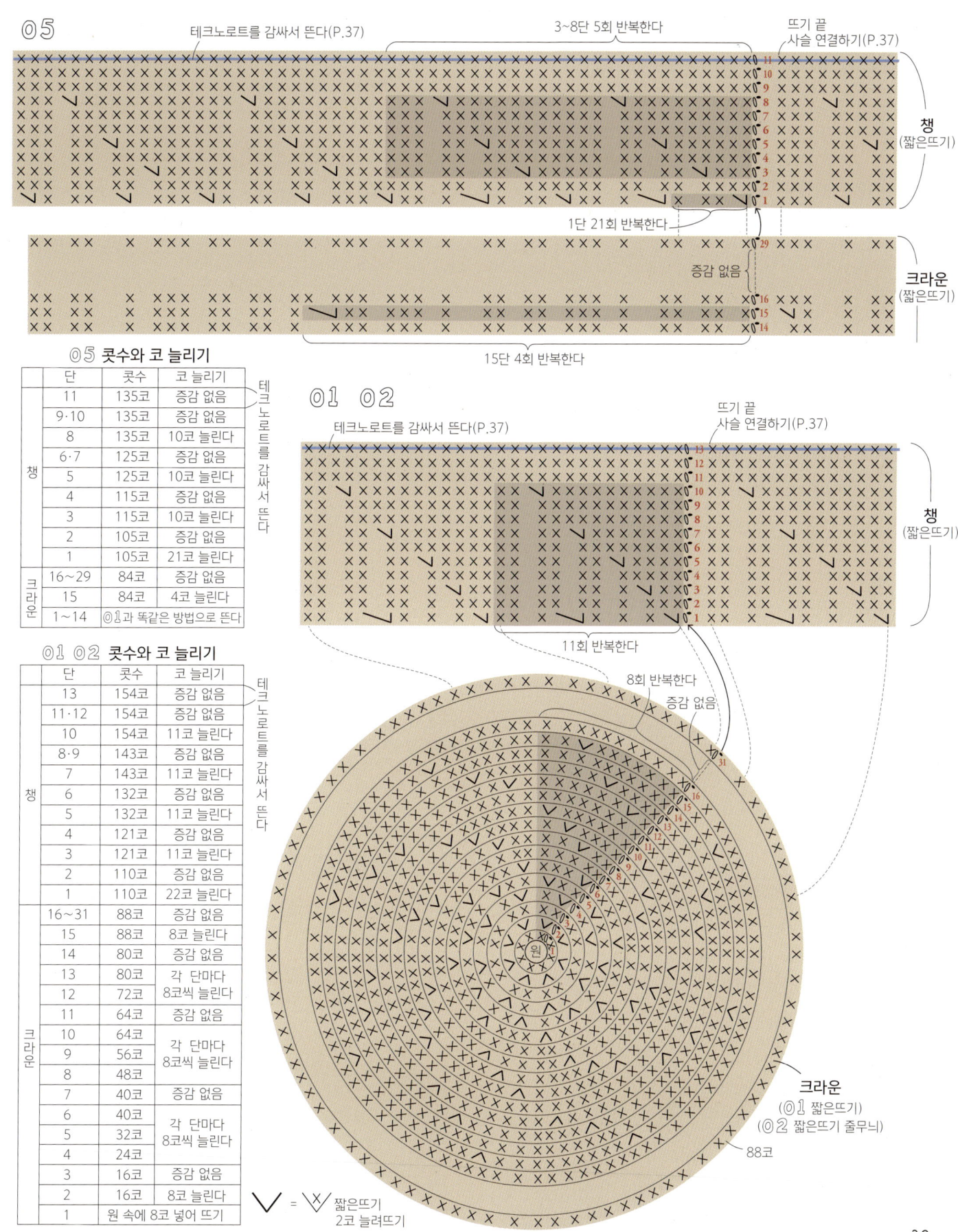

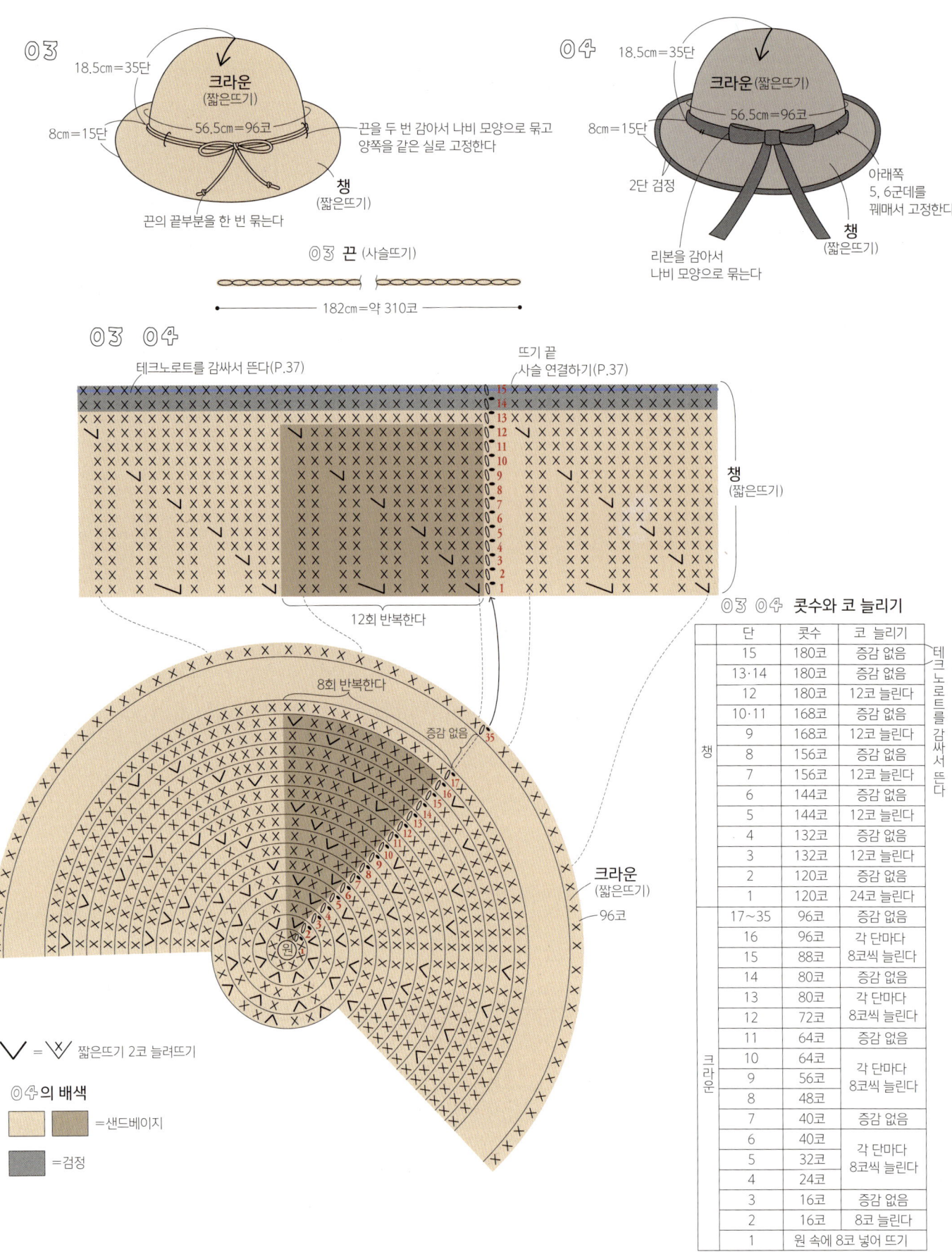

# 포셰트 PHOTO P.9, 22

**실** 하마나카 에코안다리아(40g 1볼) 겨자색(139) 65g
**바늘** 하마나카 아미아미 양쪽 코바늘 라쿠라쿠 6/0호
**게이지** 무늬뜨기 18코 9단=10cm×10cm
**완성 치수** 폭 24cm 높이 14cm

**뜨는 방법** 실 한 가닥을 사용해서 뜹니다.
바닥은 사슬 26코로 시작코를 만들고 짧은뜨기로 도안과 같이 코를 늘려가며 4단을 뜹니다. 그런 다음 옆면은 양쪽에서 코를 줄여가며 무늬뜨기합니다. 덮개는 사슬 39코로 시작코를 만들고 무늬뜨기한 뒤 입구에 감침질해서 답니다. 지정한 위치에 실을 연결한 뒤 덮개 둘레와 입구에 연속해서 1단씩 빼뜨기합니다. 어깨끈을 떠서 양옆에 꿰매 답니다.

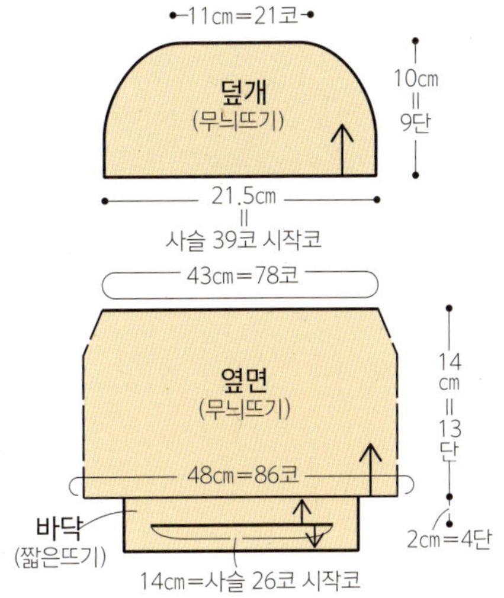

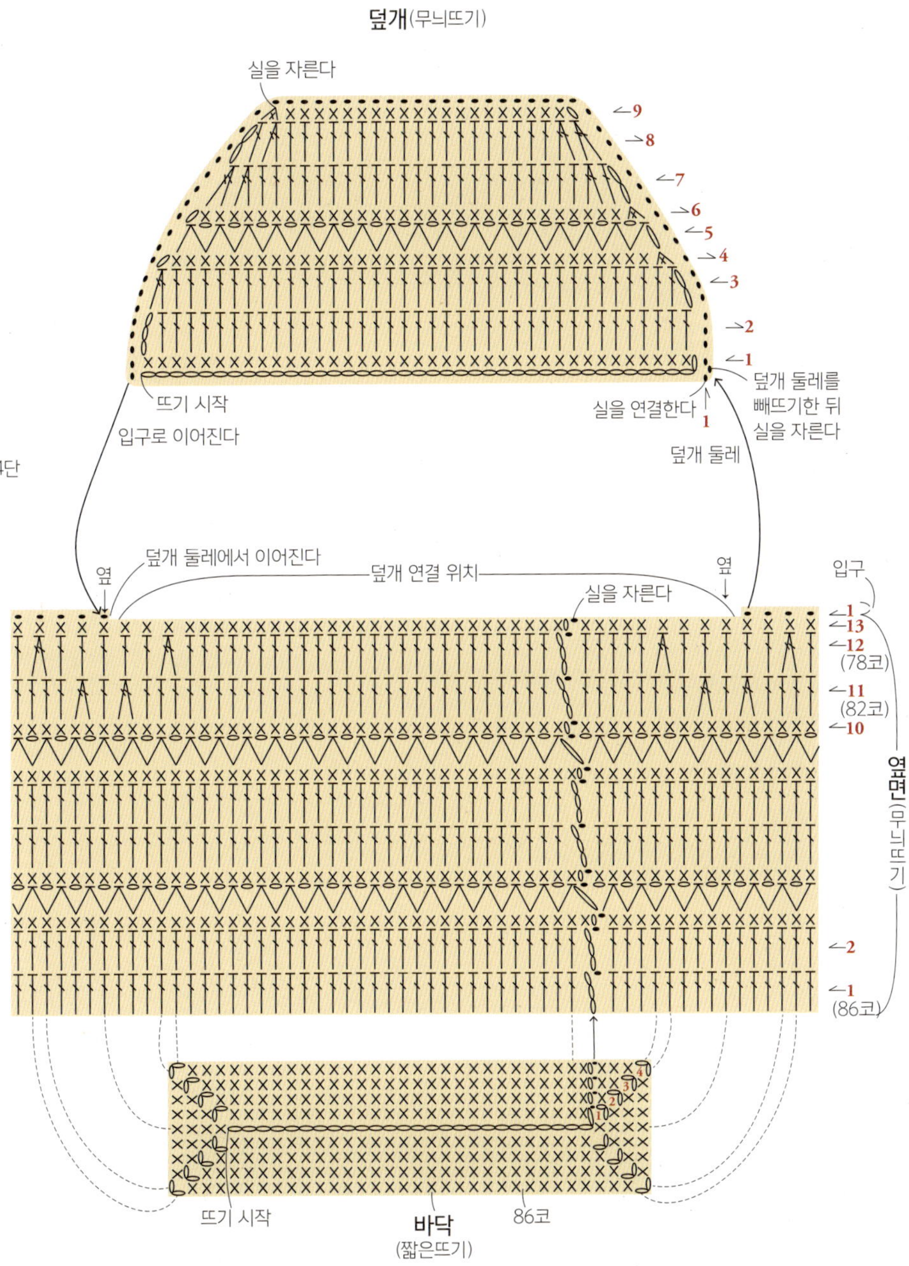

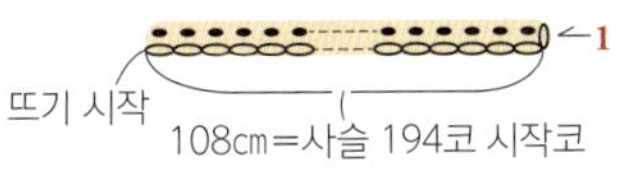

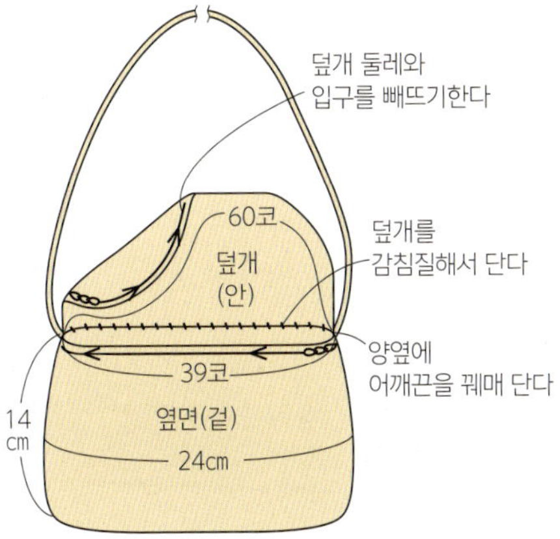

# 페도라 PHOTO P.8-9, 22-23

06
07

**실** 하마나카 에코안다리아(40g 1볼)
  06 네이비(57) 95g /
  07 올리브그린(61) 140g
**바늘** 하마나카 아미아미 양쪽 코바늘 라쿠라쿠 6/0호
**게이지** 짧은뜨기 18.5코 19단 = 10cm×10cm
**완성 치수** 06 머리둘레 52cm 높이 16cm /
  07 머리둘레 58cm 높이 19cm

**뜨는 방법** 실 한 가닥을 사용해서 뜹니다.
크라운은 사슬 8코로 시작코를 만들고 도안처럼 기둥코 없이 짧은뜨기로 코를 늘려가며 둥글게 돌려 뜹니다. 그런 다음 챙을 짧은뜨기하고 1단을 빼뜨기합니다. 리본 A, B는 각각 사슬로 시작코를 만들고 지정한 방법으로 뜹니다. 리본 A를 감침질해서 고리 모양으로 연결하고 리본 B를 연결 부위에 감은 뒤 안쪽에서 감침질합니다. 리본을 크라운에 감고 리본 A의 아래쪽 네 군데를 고정합니다. 크라운의 가운데를 움푹 들어가게 한 뒤 스팀다리미를 사용해서 모양을 잡습니다.

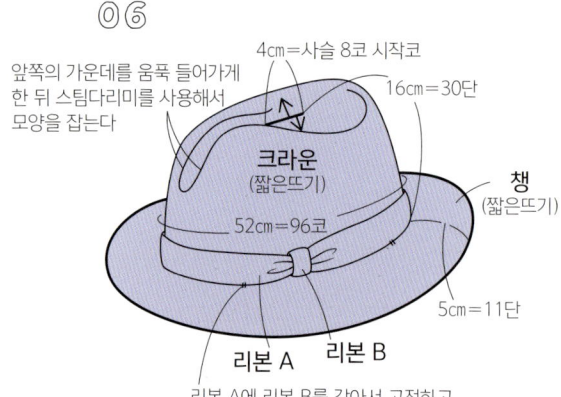

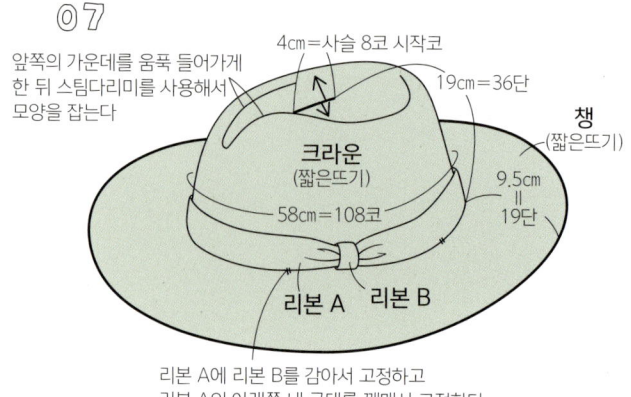

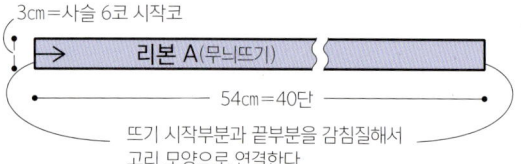

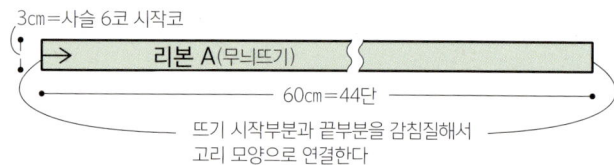

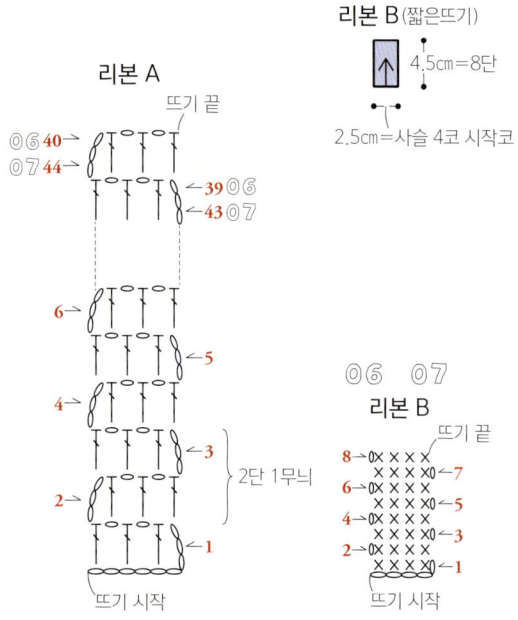

### 07 콧수와 코 늘리기

|  | 단 | 콧수 | 코 늘리기 |
|---|---|---|---|
| 챙 | 18·19 | 216코 | 증감 없음 |
|  | 17 | 216코 | 9코 늘린다 |
|  | 15·16 | 207코 | 증감 없음 |
|  | 14 | 207코 | 9코 늘린다 |
|  | 12·13 | 198코 | 증감 없음 |
|  | 11 | 198코 | 18코 늘린다 |
|  | 9·10 | 180코 | 증감 없음 |
|  | 8 | 180코 | 18코 늘린다 |
|  | 6·7 | 162코 | 증감 없음 |
|  | 5 | 162코 | 18코 늘린다 |
|  | 4 | 144코 | 증감 없음 |
|  | 3 | 144코 | 18코 늘린다 |
|  | 2 | 126코 | 증감 없음 |
|  | 1 | 126코 | 18코 늘린다 |

|  | 단 | 콧수 | 코 늘리기 |
|---|---|---|---|
| 크라운 | 31~36 | 108코 | 증감 없음 |
|  | 30 | 108코 | 4코 늘린다 |
|  | 24~29 | 104코 | 증감 없음 |
|  | 23 | 104코 | 4코 늘린다 |
|  | 19~22 | 100코 | 증감 없음 |
|  | 18 | 100코 | 6코 늘린다 |
|  | 16·17 | 94코 | 증감 없음 |
|  | 15 | 94코 | 6코 늘린다 |
|  | 14 | 88코 | 증감 없음 |
|  | 13 | 88코 | 6코 늘린다 |
|  | 12 | 82코 | 증감 없음 |
|  | 11 | 82코 |  |
|  | 10 | 76코 |  |
|  | 9 | 70코 |  |
|  | 8 | 64코 | 각 단마다 6코씩 늘린다 |
|  | 7 | 58코 |  |
|  | 6 | 52코 |  |
|  | 5 | 46코 |  |
|  | 4 | 40코 |  |
|  | 3 | 34코 |  |
|  | 2 | 28코 | 8코 늘린다 |
|  | 1 |  | 시작코 양쪽에서 20코를 줍는다 |

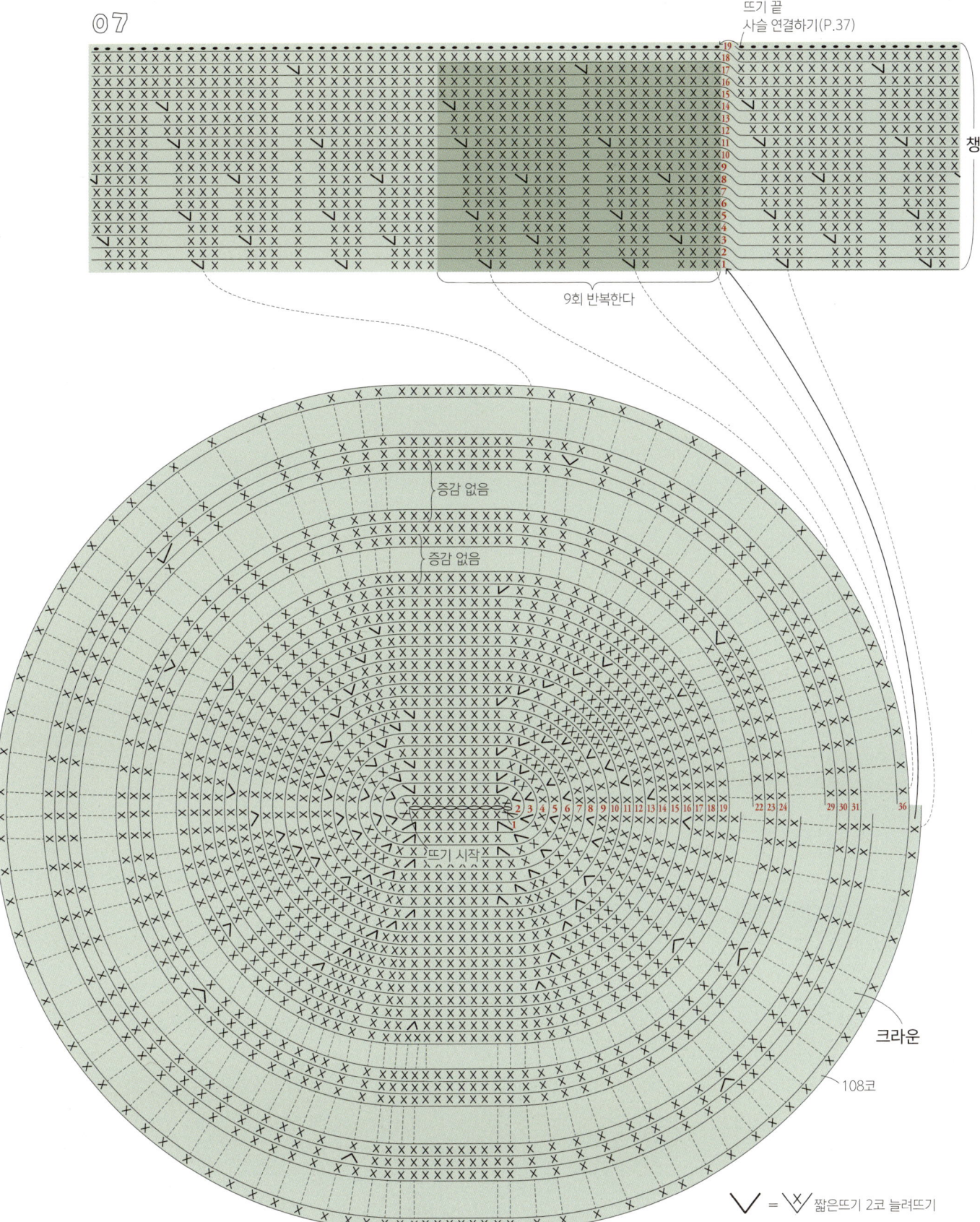

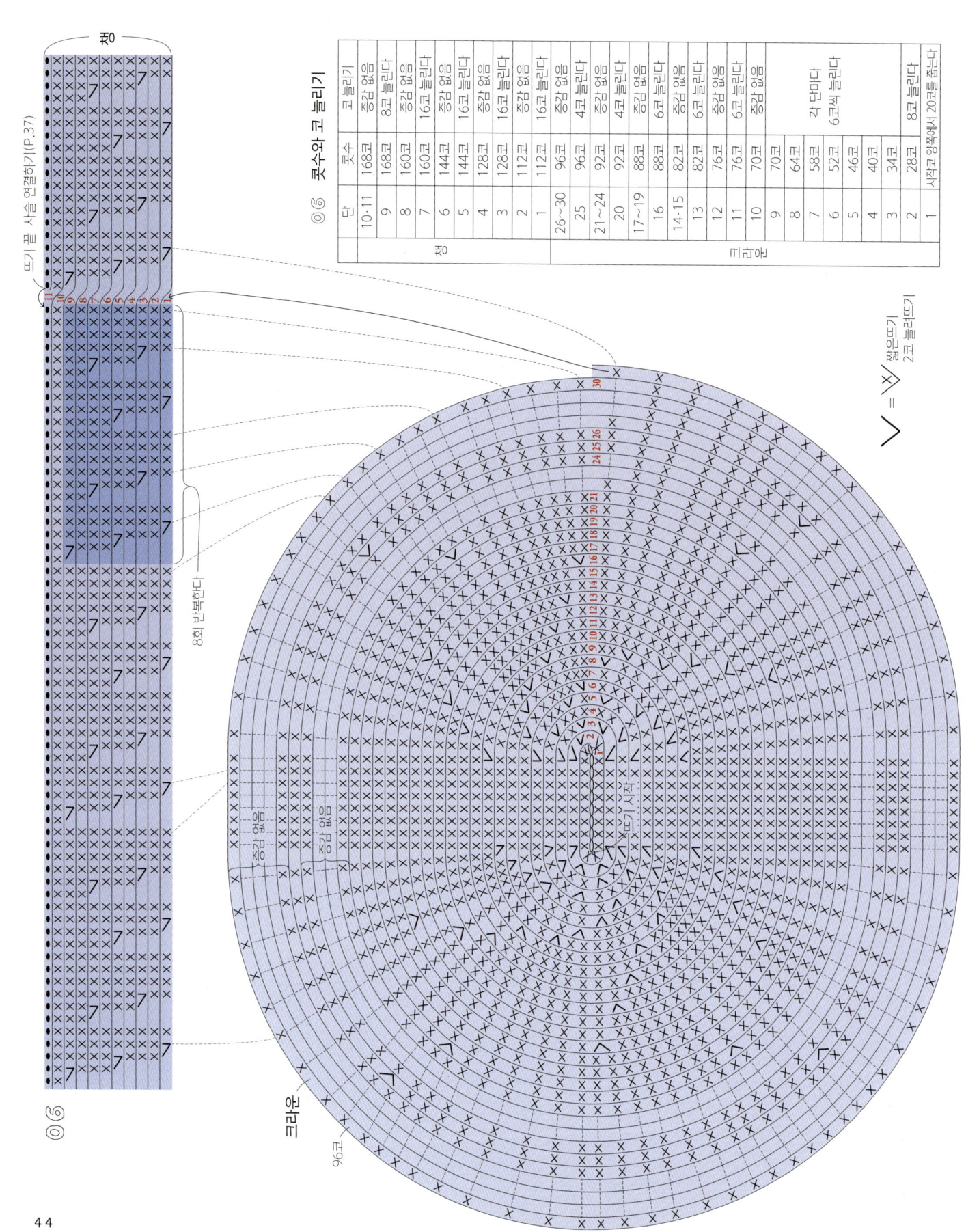

# 고깔모자 PHOTO 표지, P.21

표지

23

**실** 하마나카 에코안다리아(40g 1볼)
　표지〈대〉 베이지(23) 70g 검정(30) 10g /
　23〈소〉 브라운(159) 55g 아이보리(168) 10g
**바늘** 하마나카 아미아미 양쪽 코바늘 라쿠라쿠 5/0호
**게이지** 짧은뜨기 17코 18단=10cm×10cm
**완성 치수** 표지〈대〉 머리둘레 53cm 높이 18.5cm /
　23〈소〉 머리둘레 49cm 높이 16.5cm

**뜨는 방법** 실 한 가닥을 사용해서 표지는 베이지, 23은 브라운으로 뜹니다.
원형 시작코를 잡아 짧은뜨기 6코를 넣어 뜹니다. 2단부터는 도안처럼 기둥코 없이 짧은뜨기로 코를 늘려가며 크라운을 지정한 단 수만큼 둥글게 돌려 뜹니다. 그런 다음 챙을 도안처럼 코를 늘려가며 6단을 뜹니다. 폼폼을 표지 작품은 검정, 23은 아이보리로 만들어 답니다.

※표지 작품=〈대〉, 23=〈소〉

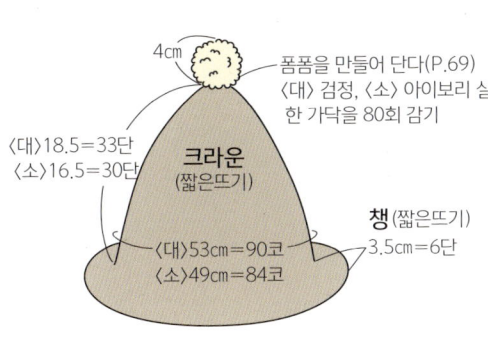

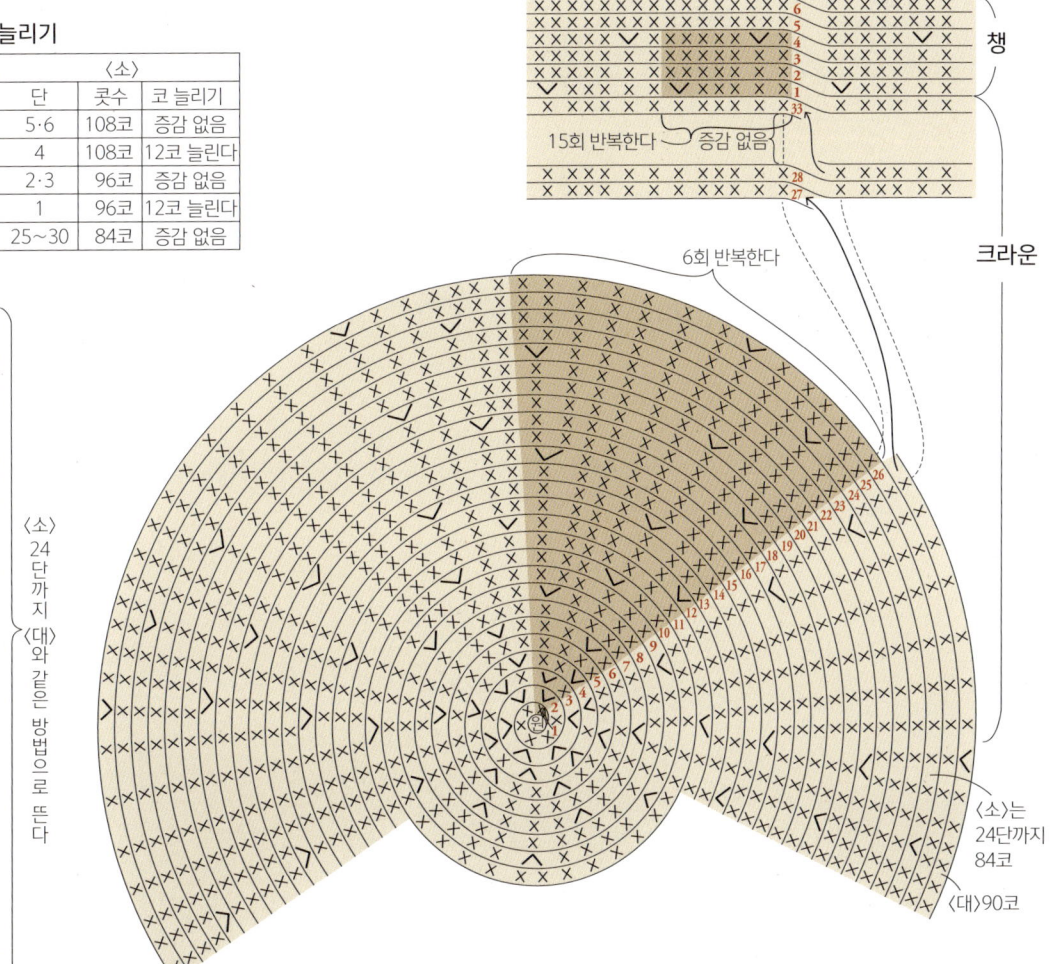

## 콧수와 코 늘리기

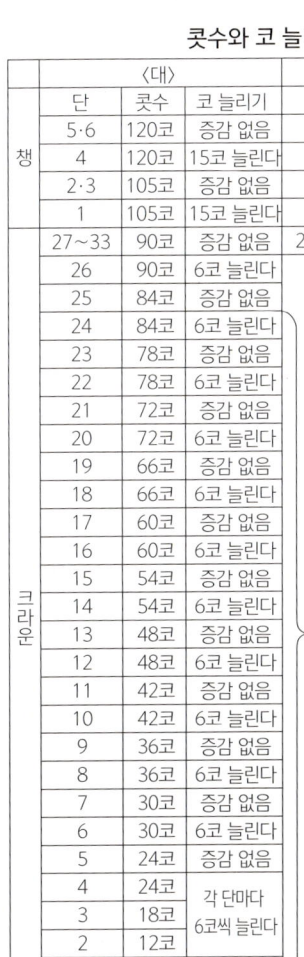

| | 단 | 〈대〉 콧수 | 코 늘리기 | 단 | 〈소〉 콧수 | 코 늘리기 |
|---|---|---|---|---|---|---|
| 챙 | 5·6 | 120코 | 증감 없음 | 5·6 | 108코 | 증감 없음 |
| | 4 | 120코 | 15코 늘린다 | 4 | 108코 | 12코 늘린다 |
| | 2·3 | 105코 | 증감 없음 | 2·3 | 96코 | 증감 없음 |
| | 1 | 105코 | 15코 늘린다 | 1 | 96코 | 12코 늘린다 |
| 크라운 | 27~33 | 90코 | 증감 없음 | 25~30 | 84코 | 증감 없음 |
| | 26 | 90코 | 6코 늘린다 | | | |
| | 25 | 84코 | 증감 없음 | | | |
| | 24 | 84코 | 6코 늘린다 | | | |
| | 23 | 78코 | 증감 없음 | | | |
| | 22 | 78코 | 6코 늘린다 | | | |
| | 21 | 72코 | 증감 없음 | | | |
| | 20 | 72코 | 6코 늘린다 | | | |
| | 19 | 66코 | 증감 없음 | | | |
| | 18 | 66코 | 6코 늘린다 | 〈소〉 24단까지 〈대〉와 같은 방법으로 뜬다 | | |
| | 17 | 60코 | 증감 없음 | | | |
| | 16 | 60코 | 6코 늘린다 | | | |
| | 15 | 54코 | 증감 없음 | | | |
| | 14 | 54코 | 6코 늘린다 | | | |
| | 13 | 48코 | 증감 없음 | | | |
| | 12 | 48코 | 6코 늘린다 | | | |
| | 11 | 42코 | 증감 없음 | | | |
| | 10 | 42코 | 6코 늘린다 | | | |
| | 9 | 36코 | 증감 없음 | | | |
| | 8 | 36코 | 6코 늘린다 | | | |
| | 7 | 30코 | 증감 없음 | | | |
| | 6 | 30코 | 6코 늘린다 | | | |
| | 5 | 24코 | 증감 없음 | | | |
| | 4 | 24코 | 각 단마다 6코씩 늘린다 | | | |
| | 3 | 18코 | | | | |
| | 2 | 12코 | | | | |
| | 1 | 원 속에 6코 넣어 뜨기 | | | | |

# 폭이 넓은 선을 넣은 모자 PHOTO P.10-11

**실** 하마나카 에코안다리아(40g 1볼)
⑨ 브라운(159) 75g 검정(30) 25g /
⑩ 브라운(159) 55g 검정(30) 15g
**바늘** 하마나카 아미아미 양쪽 코바늘 라쿠라쿠 6/0호
**기타** 하마나카 테크노로트(H204-593)
⑨ 230cm / ⑩ 135cm
하마나카 열수축 튜브(H204-605) ⑨ 15cm / ⑩ 10cm
**게이지** 짧은뜨기 18.5코 20단=10cm×10cm
**완성 치수** ⑨ 머리둘레 58cm 높이 도안 참조 /
⑩ 머리둘레 49cm 높이 도안 참조

**뜨는 방법** 실 한 가닥을 사용해서 지정한 부분 외에는 브라운으로 뜹니다.
원형 시작코를 잡아 짧은뜨기 6코를 넣어 뜹니다. 2단부터는 도안처럼 코를 늘려가며 윗부분을 짧은뜨기로 지정한 단수만큼 뜹니다. 그런 다음 옆부분에 배색을 넣어가며 짧은뜨기합니다. 지정한 위치에 실을 연결하여 챙을 도안과 같이 짧은뜨기로 왕복해서 뜨는데, 지정한 단에서 테크노로트를 감싸서 뜹니다. 뒤쪽 가운데에 실을 연결해서 되돌아 짧은뜨기로 1단을 테두리뜨기합니다.

### ⑨ 콧수와 코 늘리기, 코 줄이기

| | 단 | 콧수 | 코 늘리기/코 줄이기 |
|---|---|---|---|
| 윗부분 | 14 | 78코 | 증감 없음 |
| | 13 | 78코 | |
| | 12 | 72코 | 각 단마다 6코씩 늘린다 |
| | 11 | 66코 | |
| | 10 | 60코 | |
| | 9 | 54코 | |
| | 8 | 48코 | |
| | 7 | 42코 | |
| | 6 | 36코 | |
| | 5 | 30코 | |
| | 4 | 24코 | |
| | 3 | 18코 | |
| | 2 | 12코 | |
| | 1 | 원 속에 6코 넣어 뜨기 | |

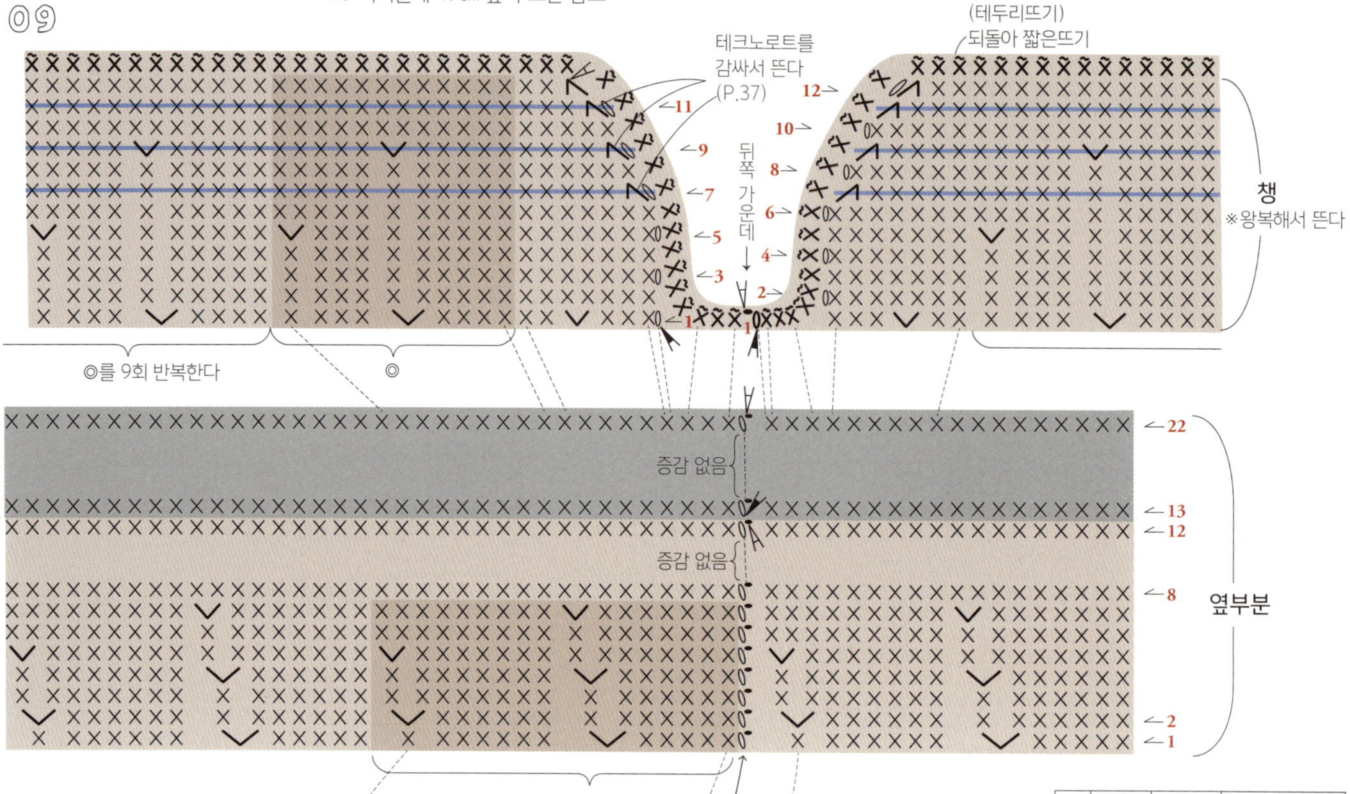

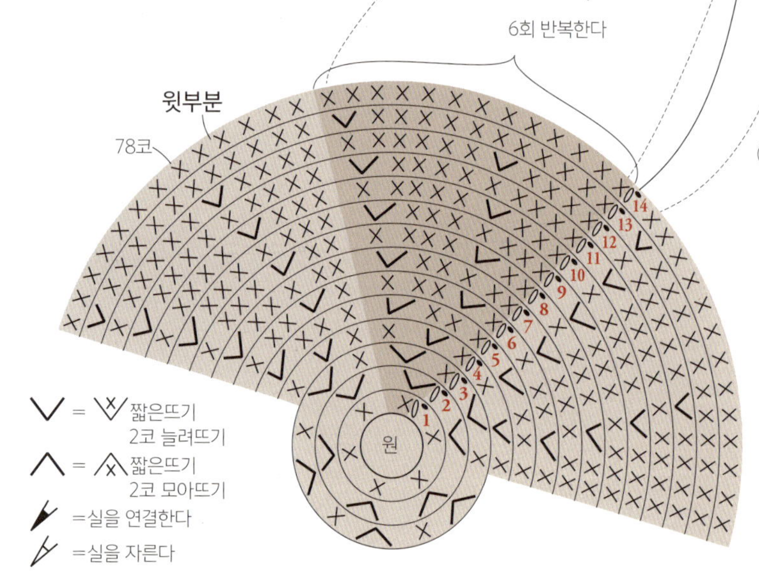

| | 단 | 콧수 | 코 늘리기/코 줄이기 | |
|---|---|---|---|---|
| | 테두리뜨기 | 156코 줍는다 | | |
| 챙 | 12 | 126코 | 2코 줄인다 | 테크노로트를 감싸서 뜨다 |
| | 11 | 128코 | 2코 줄인다 | |
| | 10 | 130코 | 증감 없음 | |
| | 9 | 130코 | 2코 줄이고 10코 늘린다 | |
| | 8 | 122코 | 증감 없음 | |
| | 7 | 122코 | 2코 줄인다 | |
| | 6 | 124코 | 증감 없음 | |
| | 5 | 124코 | 10코 늘린다 | |
| | 2~4 | 114코 | 증감 없음 | |
| | 1 | 114코 줍는다 | | |
| 옆부분 | 8~22 | 108코 | 증감 없음 | |
| | 7 | 108코 | 6코 늘린다 | |
| | 6 | 102코 | 증감 없음 | |
| | 5 | 102코 | 각 단마다 6코씩 늘린다 | |
| | 4 | 96코 | | |
| | 3 | 90코 | 증감 없음 | |
| | 2 | 90코 | 각 단마다 | |
| | 1 | 84코 | 6코 늘린다 | |

V = 짧은뜨기 2코 늘려뜨기
∧ = 짧은뜨기 2코 모아뜨기
= 실을 연결한다
= 실을 자른다

= 브라운
= 검정

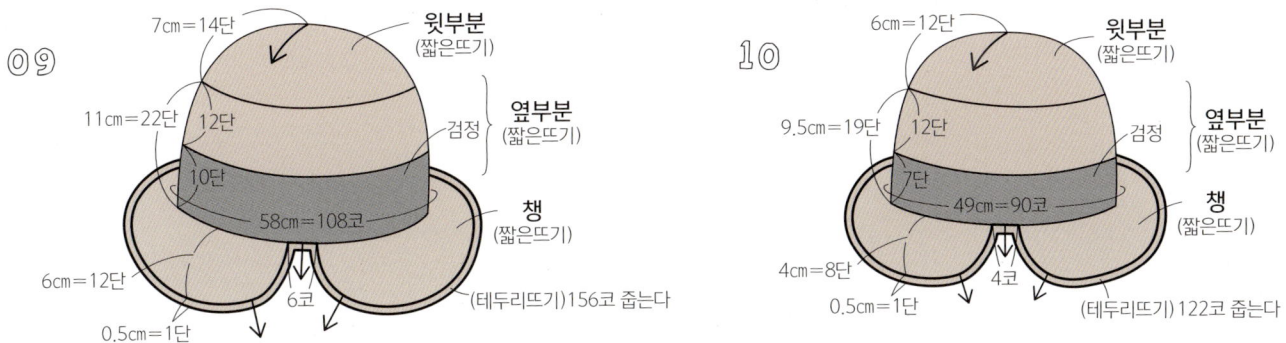

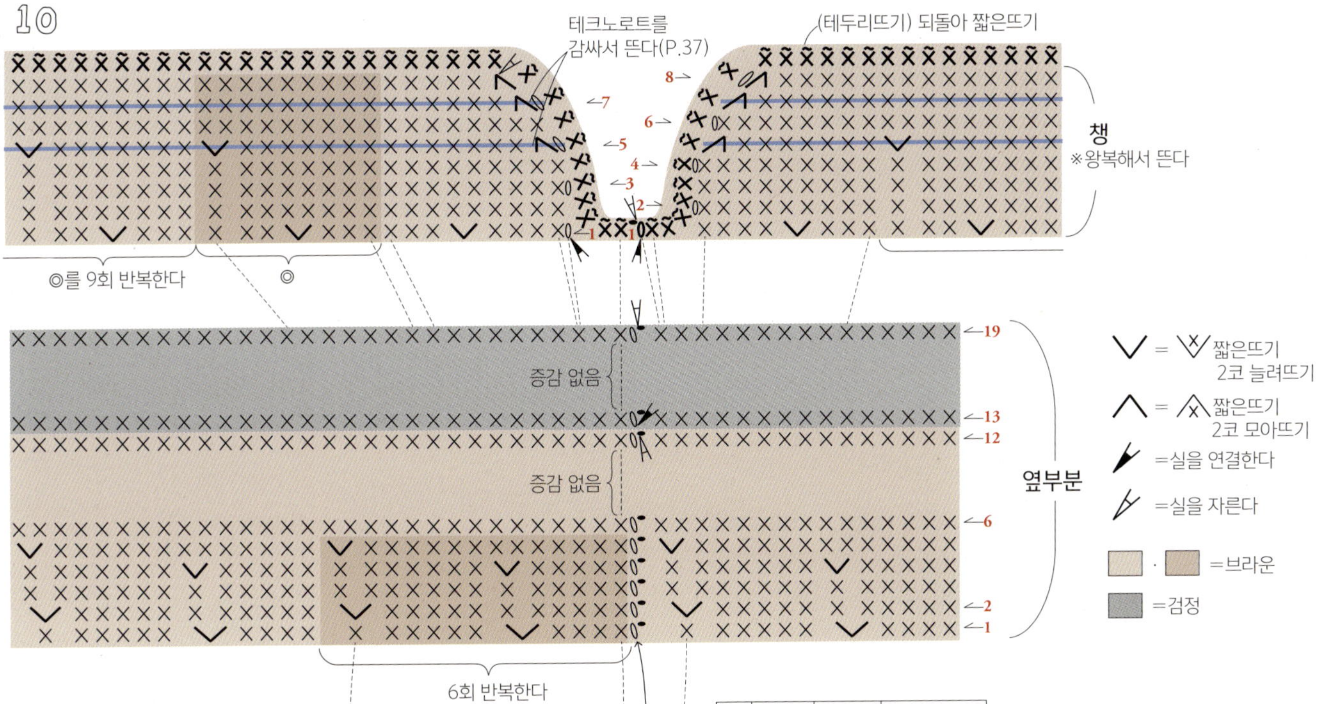

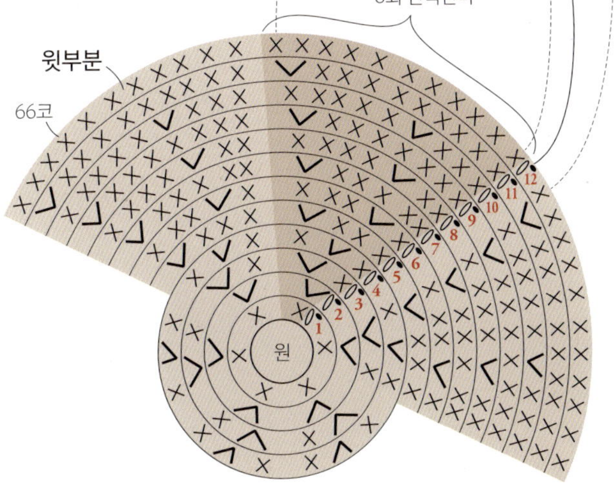

# 하트 모양 포셰트 PHOTO P.13,14

**11**

**12**

**실** 하마나카 에코안다리아(40g 1볼) 55g
 **11** 베이지(23) / **12** 빨강(37)
**바늘** 하마나카 아미아미 양쪽 코바늘 라쿠라쿠 7/0호
**게이지** 짧은뜨기 19코 10cm 8단=4cm
**완성 치수** 그림 참조

**뜨는 방법** 실 한 가닥을 사용해서 뜹니다.
본체는 가운데에서 사슬 29코로 시작코를 만들고 짧은뜨기로 도안과 같이 코를 증감해가며 하트 모양을 뜹니다. 같은 방법으로 한 장 더 뜹니다. 옆판과 어깨끈은 사슬 210코로 시작코를 만들어서 고리 모양으로 연결하고 3단을 왕복해서 짧은뜨기합니다. 옆판 부분만 양쪽에 1단씩 짧은뜨기합니다. 본체와 옆판의 겉쪽이 보이게 겹쳐 놓고 본체 쪽에서 두 장을 함께 빼뜨기해 잇습니다.

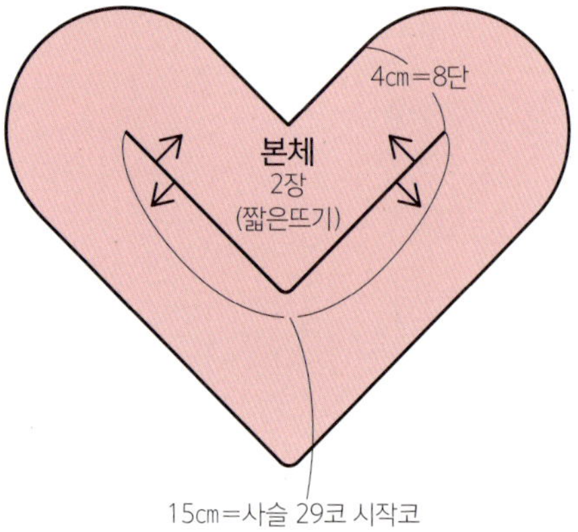

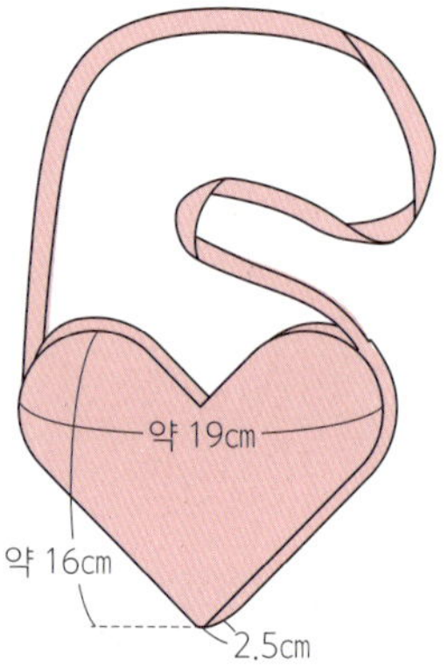

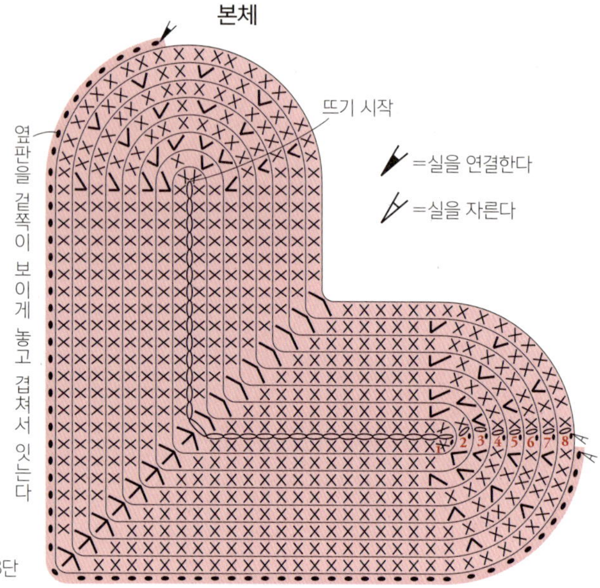

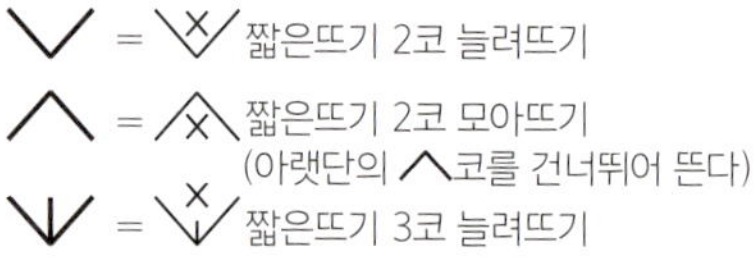

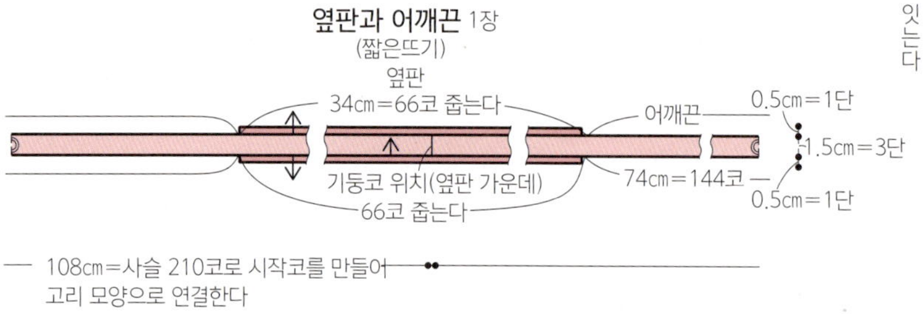

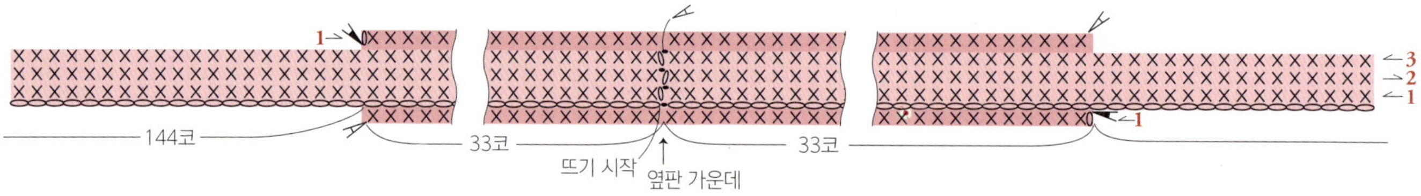

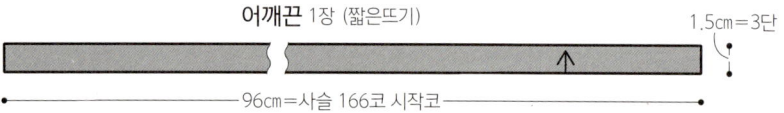

P.49에 이어서

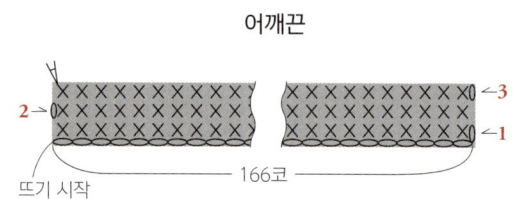

# 카메라 모양 포셰트 PHOTO P.14, 23

**13**

**실** 하마나카 에코안다리아(40g 1볼)
검정(30) 60g 아이보리(168) 약간
**바늘** 하마나카 아미아미 양쪽 코바늘
라쿠라쿠 7/0호
**기타** 지퍼 20cm짜리 1개, 손바느질용 실
**게이지** 짧은뜨기 16코 18단=10cm×10cm
**완성 치수** 그림 참조

**뜨는 방법** 실 한 가닥을 사용해서 지정한 부분 외에는 검정으로 뜹니다. 바닥은 사슬 24코로 시작코를 만들고 짧은뜨기로 11단을 뜹니다. 그런 다음 앞쪽, 뒷쪽, 옆판을 바닥 둘레에서 코를 줍고 짧은뜨기로 왕복해서 아랫부분 12단을 뜹니다. 지정한 위치에 실을 연결해서 본체 앞·뒤쪽과 옆판의 윗부분을 뜹니다. 다시 실을 연결해서 입구 부분을 뜹니다. 옆판 윗부분과 입구를 감침질해서 연결하고 둘레 1단을 빼뜨기합니다. 어깨끈은 사슬 166코로 시작코를 만들어서 짧은뜨기합니다. 셔터는 원형 시작코를 잡아 도안과 같이 떠서 실을 바싹 잡아당겨 조입니다. 본체 앞쪽에 카메라 무늬를 넣고 입구에 지퍼를 꿰매 답니다. 셔터와 어깨끈을 달고 스팀다리미를 사용해서 네모난 모양을 잡습니다.

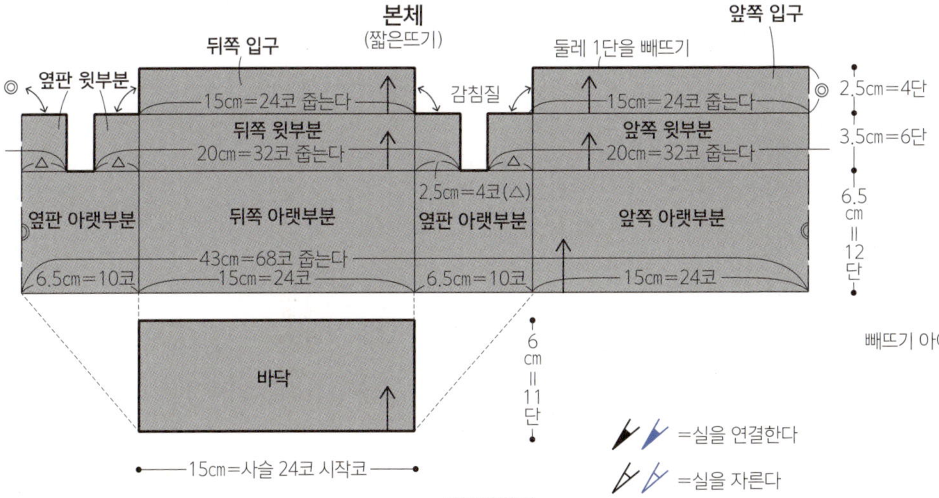

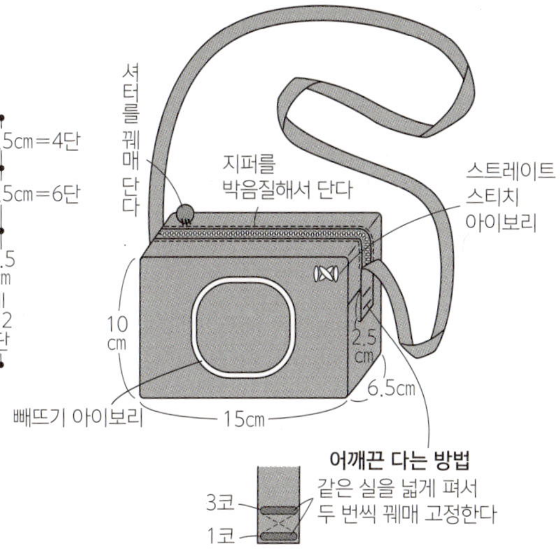

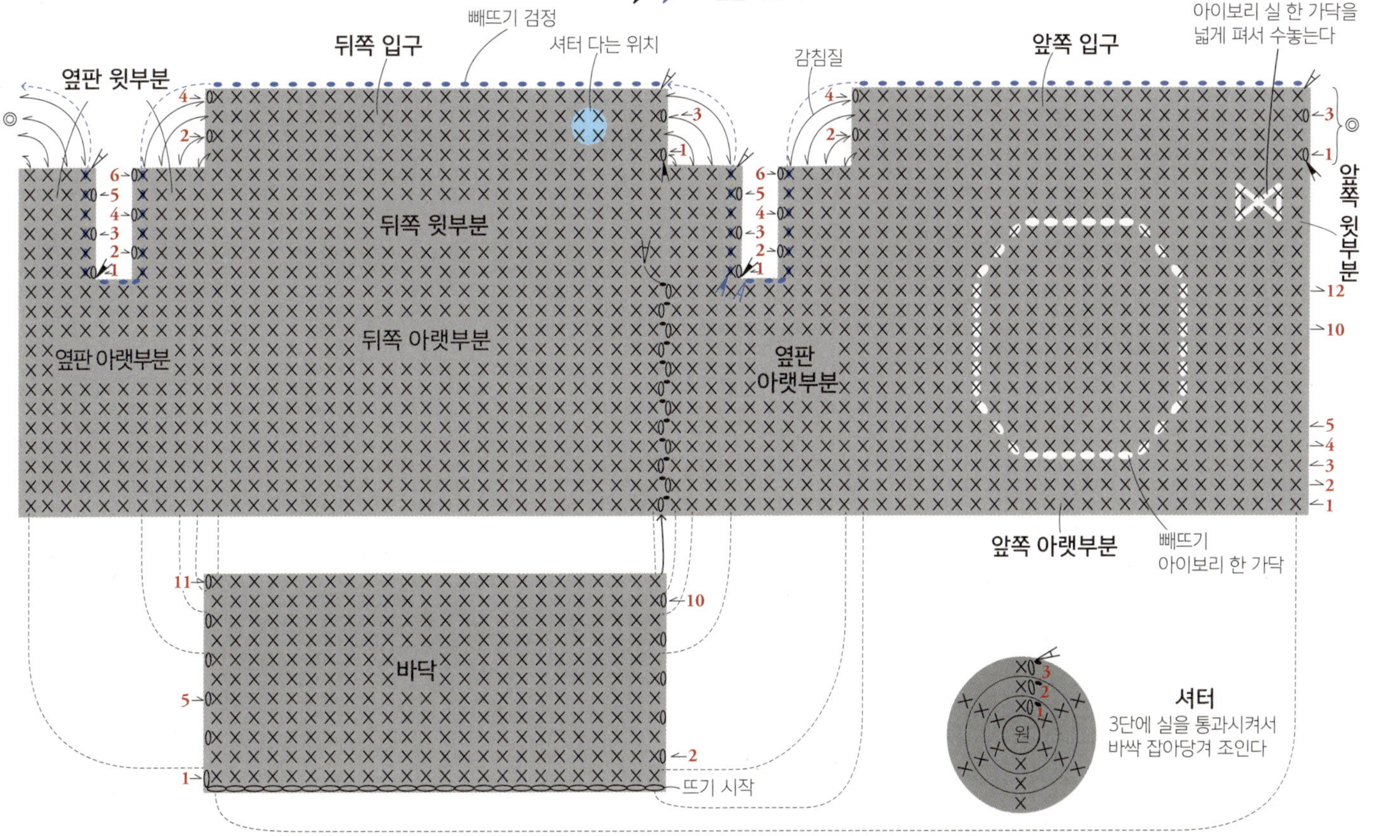

49

## 곰돌이 가방 PHOTO P.15

**실** 하마나카 에코안다리아(40g 1볼)
  브라운(159) 70g 검정(30) 약간
**바늘** 하마나카 아미아미 양쪽 코바늘 라쿠라쿠 7/0호
**기타** 하마나카 인형눈 단추 10mm(H220-610-1) 검정 2개
  지름 1.5cm 스냅단추 1세트
**게이지** 짧은뜨기 15코 18단=10cm×10cm
**완성 치수** 그림 참조

**뜨는 방법** 실 한 가닥을 사용해서 전체를 브라운으로 뜨고 검정으로 수를 놓습니다.
본체는 사슬 8코로 시작코를 만들고 도안과 같이 코를 증감해가며 둥글게 돌려 뜨는데, 입구는 다른 실로 사슬뜨기 시작코를 만들어 뜹니다. 뜨기 끝부분은 실끝을 남은 코에 통과시켜서 바싹 잡아당겨 조입니다. 앞쪽에 눈 단추를 달고 코를 수놓습니다. 귀는 사슬 4코로 시작코를 만들고 도안과 같이 8단을 뜬 뒤 겉쪽이 보이게 반으로 접어 빼뜨기해서 본체에 꿰매 답니다. 손잡이, 단추 고정판을 떠서 꿰매 달고 스냅단추를 답니다.

### 본체(짧은뜨기)

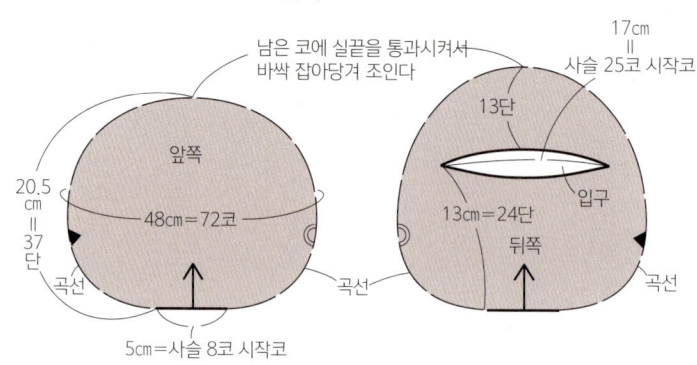

### 앞쪽

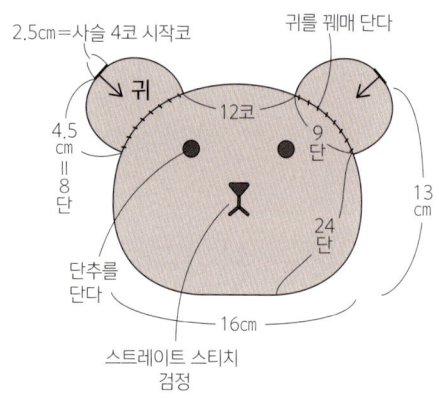

### 뒤쪽

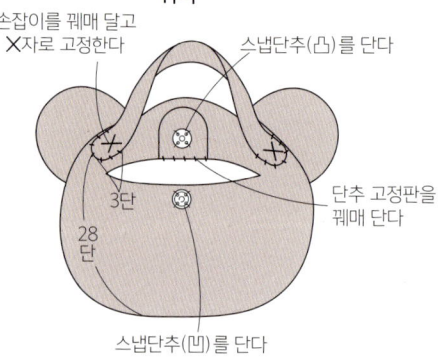

### 손잡이

### 단추 고정판 (한길긴뜨기)

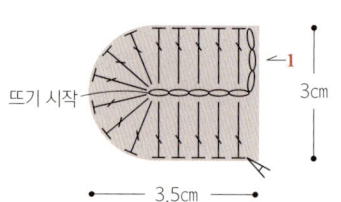

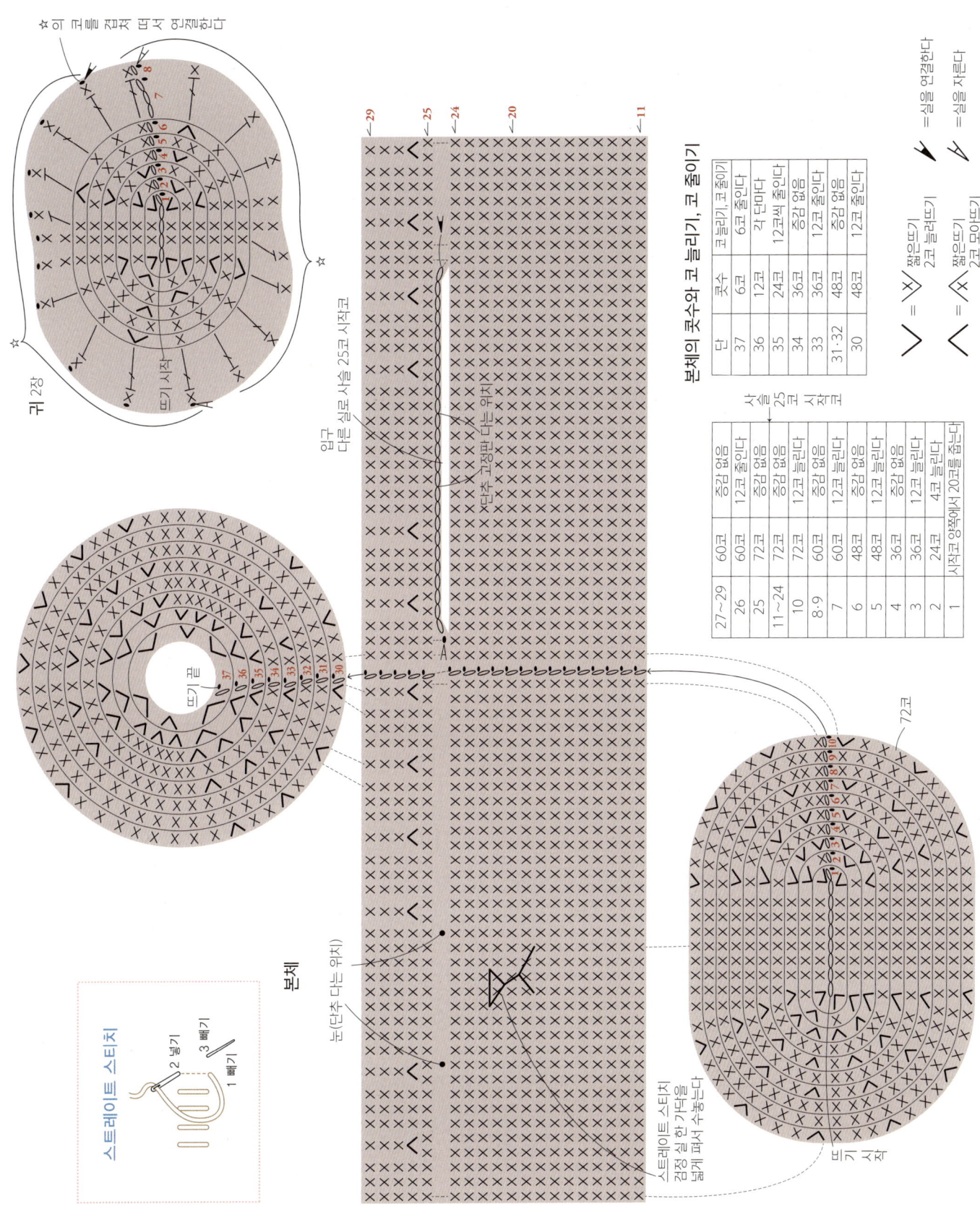

# 세일러 모자 PHOTO P.16

**실** 하마나카 에코안다리아(40g 1볼)
흰색(1) 75g 마린블루(72) 10g
**바늘** 하마나카 아미아미 양쪽 코바늘 라쿠라쿠 5/0호
**게이지** 짧은뜨기 20.5코 21.5단=10cm×10cm
**완성 치수** 머리둘레 52.5cm 높이 15cm

**뜨는 방법** 실 한 가닥을 사용해서 지정한 배색대로 뜹니다. 원형 시작코를 잡아 짧은뜨기 12코를 넣어 뜹니다. 2단부터는 도안처럼 코를 늘려가며 크라운을 31단까지 짧은뜨기하고 32단은 짧은뜨기 앞걸어뜨기합니다. 그런 다음 챙을 짧은뜨기하는데, 뜨는 방향을 반대로 해서 배색하며 뜹니다. 챙을 되접어 꺾습니다.

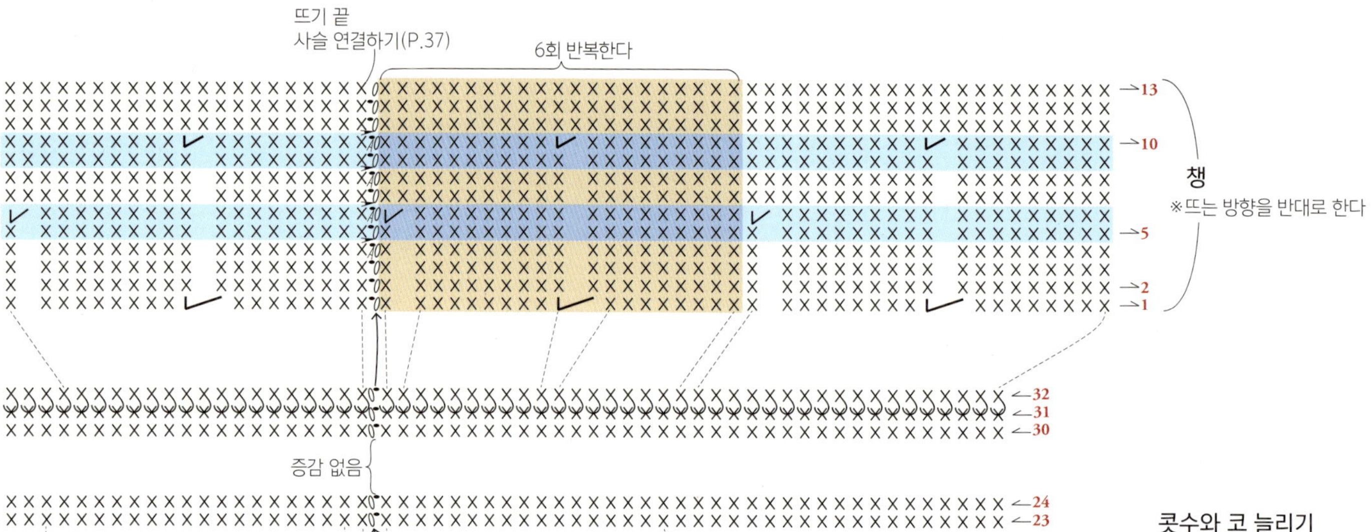

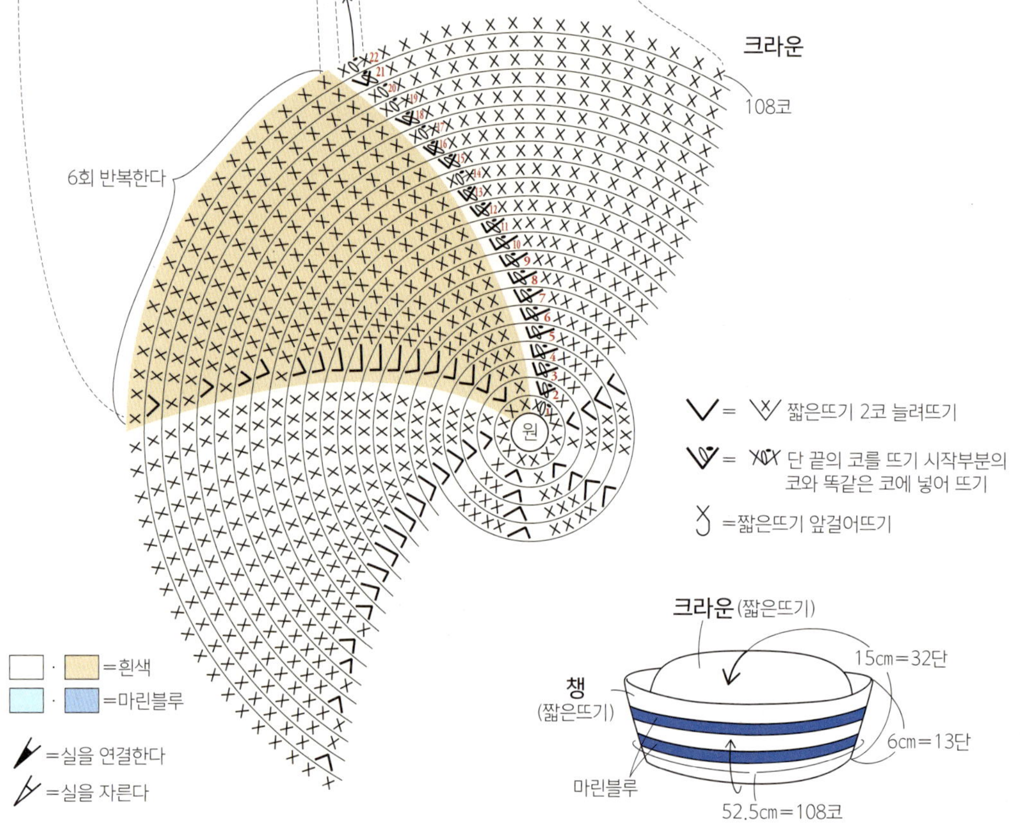

| | 단 | 콧수 | 코 늘리기 |
|---|---|---|---|
| 챙 | 11~13 | 126코 | 증감 없음 |
| | 10 | 126코 | 6코 늘린다 |
| | 7~9 | 120코 | 증감 없음 |
| | 6 | 120코 | 6코 늘린다 |
| | 2~5 | 114코 | 증감 없음 |
| | 1 | 114코 | 6코 늘린다 |
| 크라운 | 22~32 | 108코 | 증감 없음 |
| | 21 | 108코 | 6코 늘린다 |
| | 19·20 | 102코 | 증감 없음 |
| | 18 | 102코 | 6코 늘린다 |
| | 17 | 96코 | 증감 없음 |
| | 16 | 96코 | 각 단마다 6코씩 늘린다 |
| | 15 | 90코 | |
| | 14 | 84코 | 증감 없음 |
| | 13 | 84코 | 각 단마다 6코씩 늘린다 |
| | 12 | 78코 | |
| | 11 | 72코 | |
| | 10 | 66코 | |
| | 9 | 60코 | |
| | 8 | 54코 | |
| | 7 | 48코 | |
| | 6 | 42코 | |
| | 5 | 36코 | |
| | 4 | 30코 | |
| | 3 | 24코 | |
| | 2 | 18코 | |
| | 1 | 원 속에 12코 넣어 뜨기 |

# 코끼리 모양 포셰트 PHOTO P.16, 34

**실** 하마나카 에코안다리아(40g 1볼)
레트로블루(66) 55g 아이보리(168) 약간
**바늘** 하마나카 아미아미 양쪽 코바늘
라쿠라쿠 7/0호
**게이지** 짧은뜨기 16코 18단=10cm×10cm
**완성 치수** 그림 참조

**뜨는 방법** 실 한 가닥을 사용해서 지정한 부분 외에는 레트로블루로 뜹니다.
본체는 사슬 20코로 시작코를 만들고 짧은뜨기로 도안과 같이 코를 증감해가며 왕복해서 뜹니다. 같은 방법으로 한 장을 더 뜨고, 한 장에만 빼뜨기로 코끼리무늬를 넣습니다. 옆판과 어깨끈은 사슬 180코로 시작코를 만들어 고리 모양으로 연결하고 3단을 왕복해서 짧은뜨기합니다. 옆판 부분만 양쪽에 1단씩 짧은뜨기합니다. 본체와 옆판의 겉쪽이 보이게 겹쳐 놓고 본체 쪽에서 두 장을 함께 짧은뜨기해서 꿰매 연결하는데, 입구 부분은 본체에만 짧은뜨기합니다. 반대쪽도 같은 방법으로 꿰매 연결하고 태슬을 만들어서 옆판에 답니다.

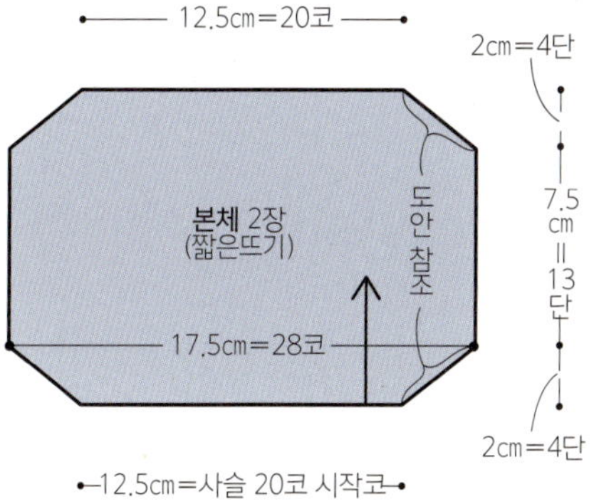

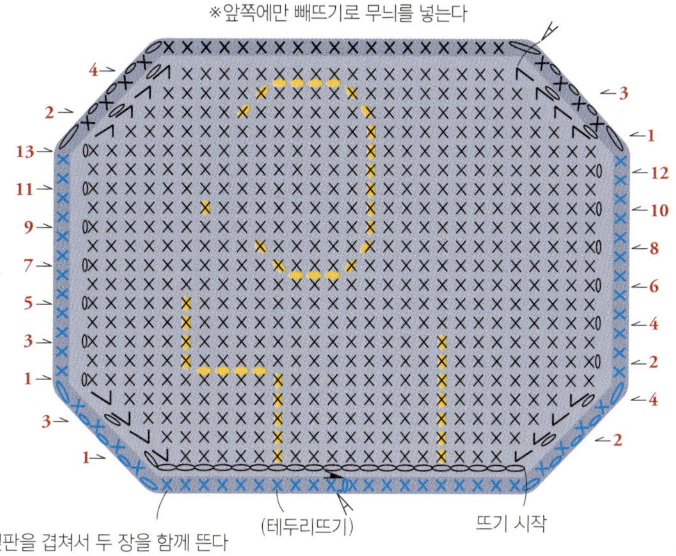

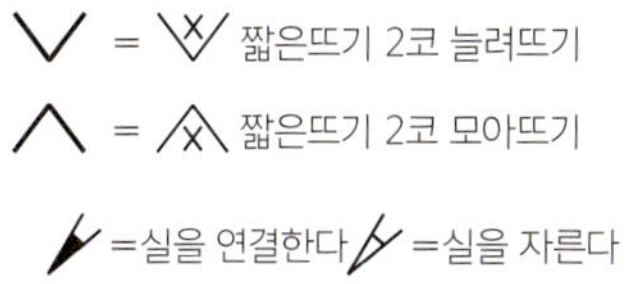

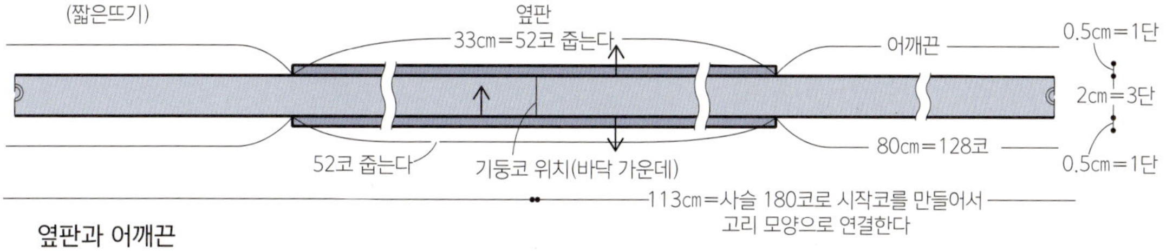

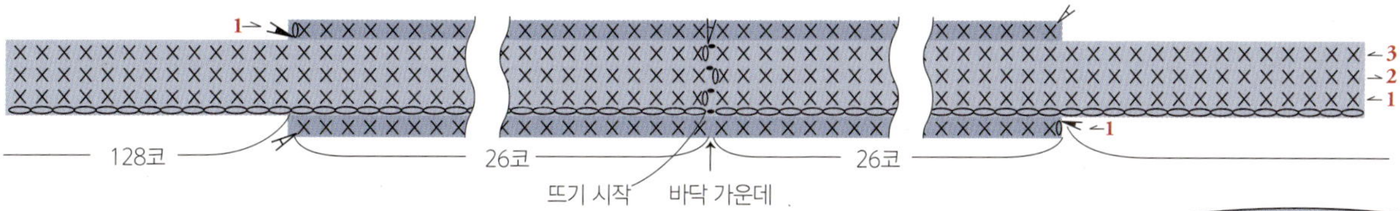

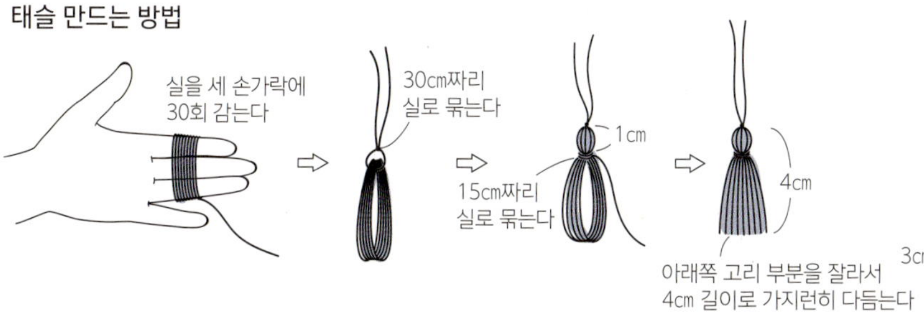

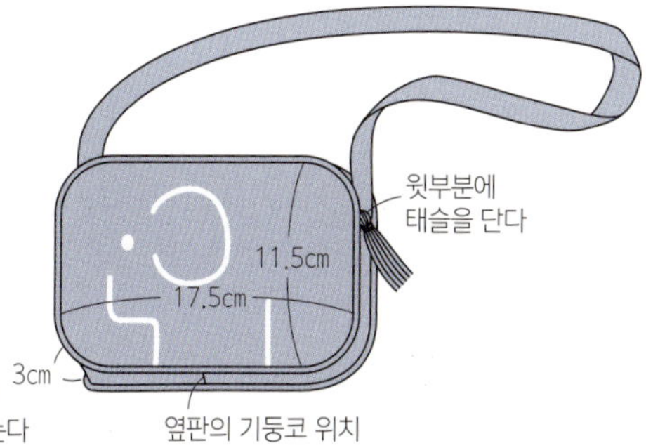

# 딸기 모양 포셰트 PHOTO P.17

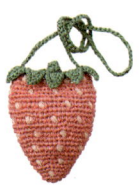

17

**실** 하마나카 에코안다리아(40g 1볼)
레트로핑크(71) 25g 그린(17) 15g
파스텔핑크(47) 5g
**바늘** 하마나카 아미아미 양쪽 코바늘 라쿠라쿠 5/0호
**게이지** 무늬뜨기 17.5코 16단=10cm×10cm
**완성 치수** 그림 참조

**뜨는 방법** 실 한 가닥을 사용해서 지정한 배색대로 뜹니다. 본체는 원형 시작코를 잡아 짧은뜨기 6코를 넣어 뜹니다. 2단부터는 도안과 같이 코를 증감해가며 26단을 무늬뜨기합니다. 그런 다음 테두리 장식 2단을 뜨고 뜨기 끝부분에서 단춧고리를 뜹니다. 단추와 어깨끈을 떠서 입구에 꿰매 답니다.

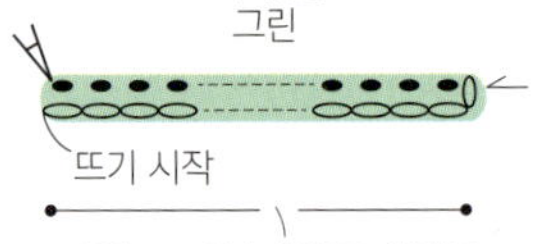

어깨끈
그린
뜨기 시작
74cm=사슬 130코 시작코


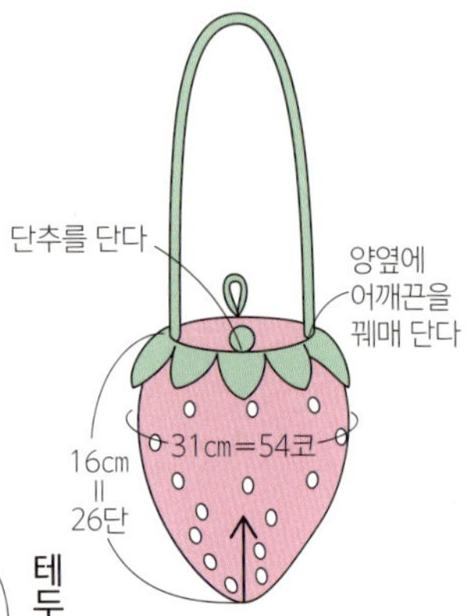

단추를 단다
양옆에
어깨끈을
꿰매 단다
31cm=54코
16cm
=
26단


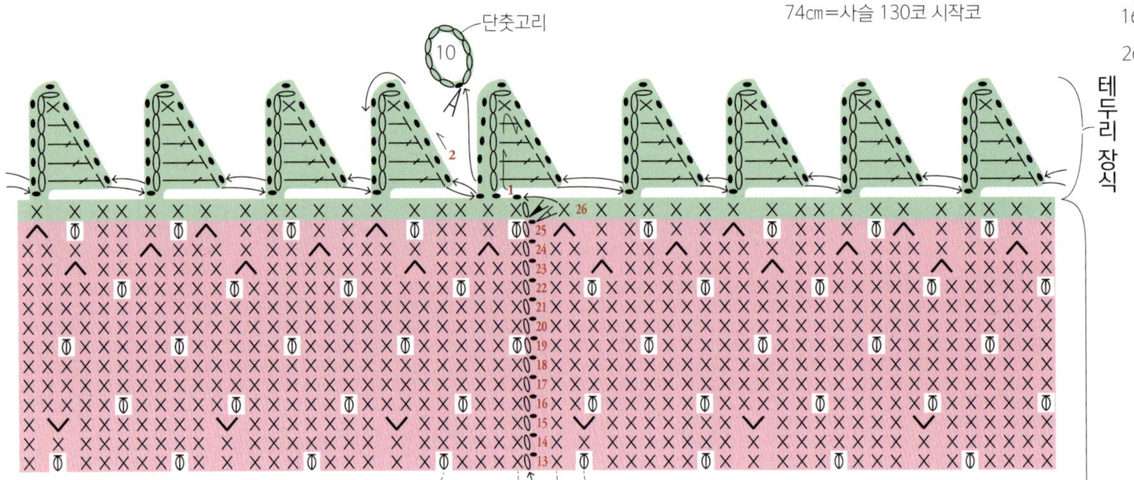

단춧고리
10
테두리 장식
2
1
26
25
24
23
22
21
20
19
18
17
16
15
14
13


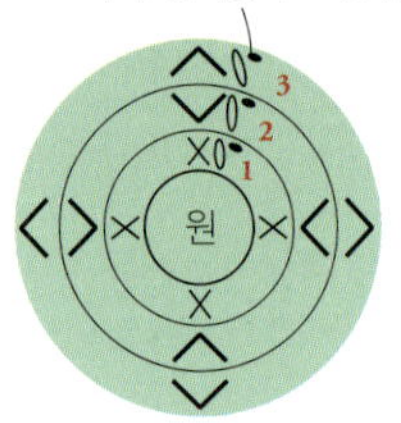

단추
(짧은뜨기) 그린
마지막 단의 코에
실끝을 통과시켜서
바싹 잡아당겨 조인다
3
2
1
원


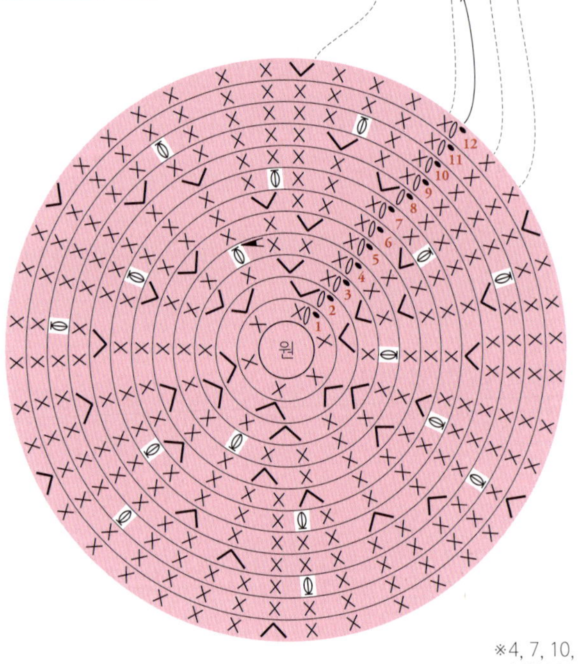

12
11
10
9
8
7
6
5
4
3
2
1
원


본체(무늬뜨기)

### 본체의 콧수와 코 늘리기, 코 줄이기

| 단 | 콧수 | 코 늘리기, 코 줄이기 |
|---|---|---|
| 26 | 36코 | 증감 없음 |
| 25 | 36코 | 각 단마다 6코씩 줄인다 |
| 24 | 42코 | |
| 23 | 48코 | |
| 16~22 | 54코 | 증감 없음 |
| 15 | 54코 | 6코 늘린다 |
| 13·14 | 48코 | 증감 없음 |
| 12 | 48코 | 6코 늘린다 |
| 10·11 | 42코 | 증감 없음 |
| 9 | 42코 | 각 단마다 6코씩 늘린다 |
| 8 | 36코 | |
| 7 | 30코 | 증감 없음 |
| 6 | 30코 | 각 단마다 6코씩 늘린다 |
| 5 | 24코 | |
| 4 | 18코 | 증감 없음 |
| 3 | 18코 | 각 단마다 6코씩 늘린다 |
| 2 | 12코 | |
| 1 | 원 속에 6코 넣어 뜨기 | |

※4, 7, 10, 13, 16, 19, 22, 25단은 뜨지 않는 다른 색 실을 심으로 하여 감싸서 뜬다(P.37).
심이 되는 실은 단의 끝부분까지 감싸서 뜬 뒤 실을 자르지 않고 다음에 사용해서 뜨는 단까지 안쪽으로 넘긴다.

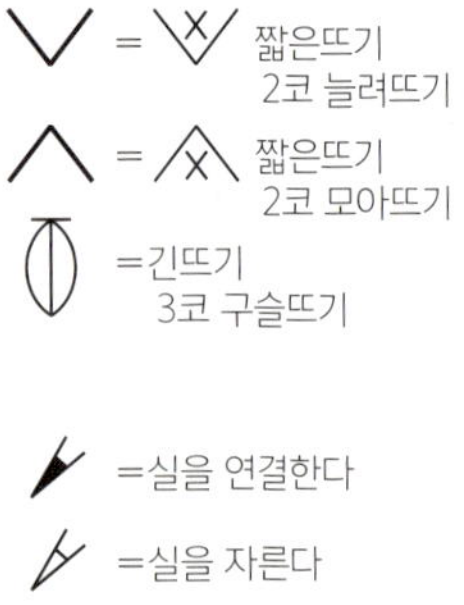

=짧은뜨기 2코 늘려뜨기
=짧은뜨기 2코 모아뜨기
=긴뜨기 3코 구슬뜨기
=실을 연결한다
=실을 자른다


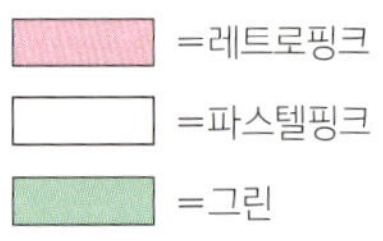

=레트로핑크
=파스텔핑크
=그린

# 바나나 모양 포셰트 PHOTO P.17, 35

**18**

**실** 하마나카 에코안다리아(40g 1볼)
옐로(11) 15g 연녹색(34) 10g 카키(59) 5g
**바늘** 하마나카 아미아미 양쪽 코바늘 라쿠라쿠 5/0호
**게이지** 짧은뜨기 16.5코 18단=10cm×10cm
**완성 치수** 그림 참조

**뜨는 방법** 실 한 가닥을 사용해서 지정한 배색대로 뜹니다.
본체는 원형 시작코를 잡아 짧은뜨기 6코를 넣어 뜹니다. 2단부터는 도안처럼 코를 증감해가며 짧은뜨기로 무늬를 넣어 뜨는데, 1~20단은 둥글게 돌려 뜨고, 21~29단은 왕복해서(입구를 만들기 위해서) 뜨며 30~35단은 둥글게 돌려 뜹니다. 입구 둘레를 빼뜨기합니다. 어깨끈도 떠서 지정한 위치에 꿰매 답니다.

## 어깨끈 (연녹색)

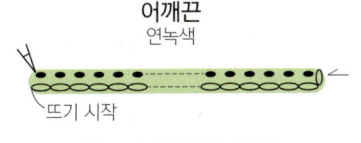

뜨기 시작 ● 85cm=사슬 140코 시작코

## 본체의 콧수와 코 늘리기, 코 줄이기

| 단 | 콧수 | 코 늘리기, 코 줄이기 | |
|---|---|---|---|
| 33~35 | 11코 | 증감 없음 | 둥글게 돌려 뜨기 |
| 32 | 11코 | 2코 줄인다 | |
| 31 | 13코 | 3코 줄인다 | |
| 30 | 16코 | 2코 줄인다 | |
| 29 | 18코 | 2코 줄인다 | 왕복해서 뜨기 |
| 28 | 20코 | 4코 줄인다 | |
| 26·27 | 24코 | 증감 없음 | |
| 25 | 24코 | 2코 줄인다 | |
| 21~24 | 26코 | 증감 없음 | |
| 20 | 26코 | 증감 없음 | |
| 19 | 26코 | 2코 늘리고 2코 줄인다 | |
| 17·18 | 26코 | 증감 없음 | |
| 16 | 26코 | 2코 늘린다 | |
| 15 | 24코 | 증감 없음 | |
| 14 | 24코 | 2코 늘리고 2코 줄인다 | |
| 13 | 24코 | 증감 없음 | 둥글게 돌려 뜨기 |
| 12 | 24코 | 2코 늘리고 2코 줄인다 | |
| 10·11 | 24코 | 증감 없음 | |
| 9 | 24코 | 4코 늘린다 | |
| 7·8 | 20코 | 증감 없음 | |
| 6 | 20코 | 각 단마다 4코씩 늘린다 | |
| 5 | 16코 | | |
| 4 | 12코 | 증감 없음 | |
| 3 | 12코 | 6코 늘린다 | |
| 2 | 6코 | 증감 없음 | |
| 1 | | 원 속에 6코 넣어 뜨기 | |

## 입구 둘레를 뜨는 방법 / 본체 (짧은뜨기로 무늬 넣어 뜨기)

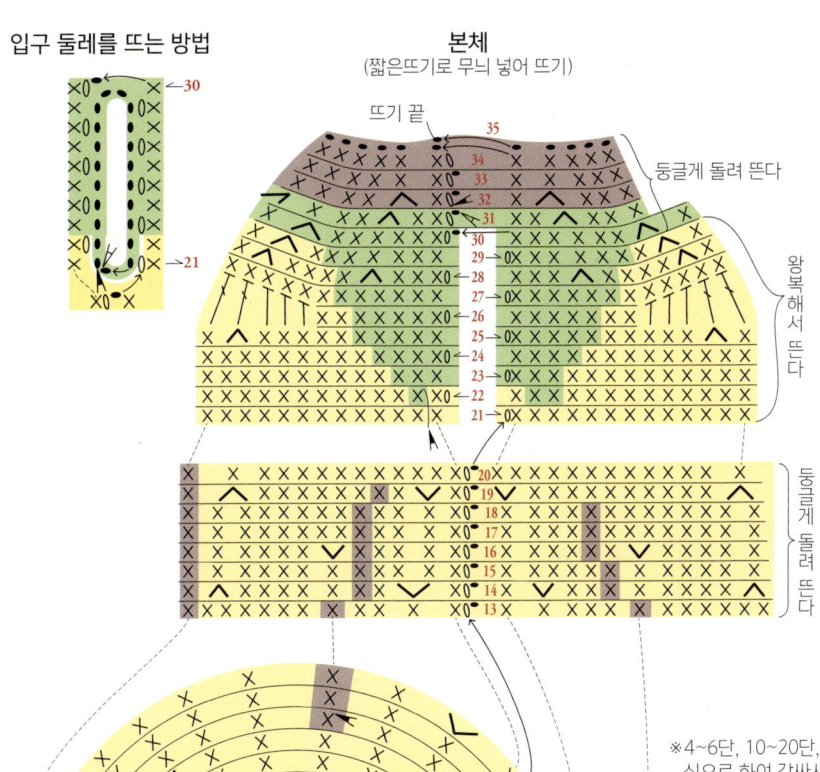

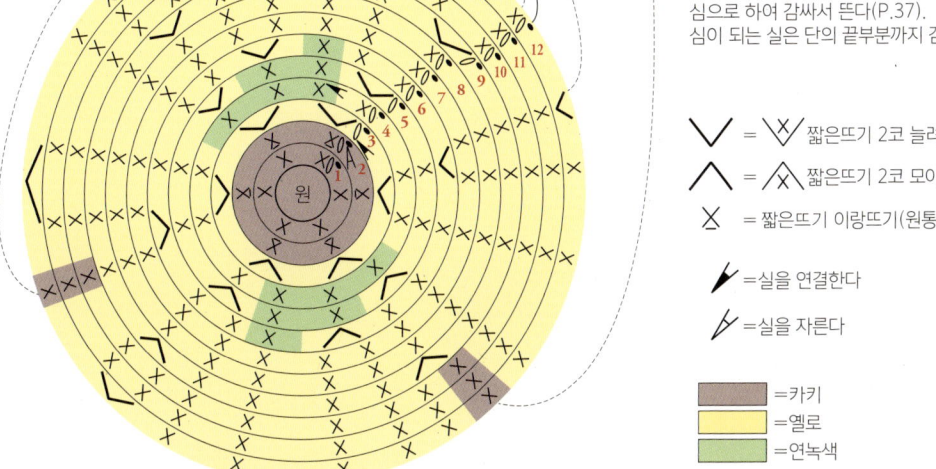

※4~6단, 10~20단, 22~29단은 뜨지 않는 쪽의 실을 심으로 하여 감싸서 뜬다(P.37).
심이 되는 실은 단의 끝부분까지 감싸서 뜬다.

∨ = 짧은뜨기 2코 늘려뜨기
∧ = 짧은뜨기 2코 모아뜨기
✕ = 짧은뜨기 이랑뜨기(원통)

↘ = 실을 연결한다
↘ = 실을 자른다

■ = 카키
■ = 옐로
■ = 연녹색

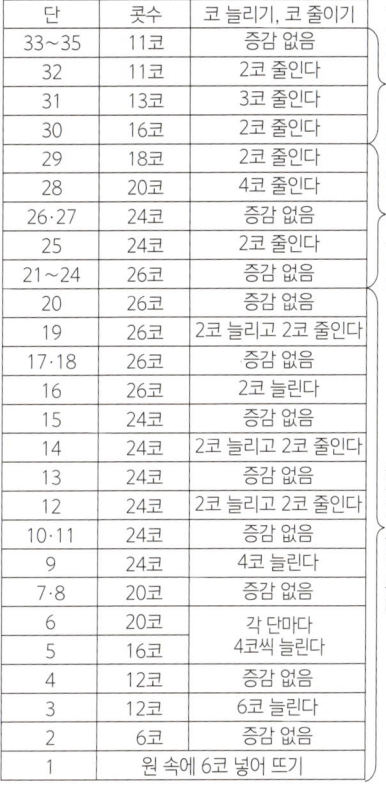

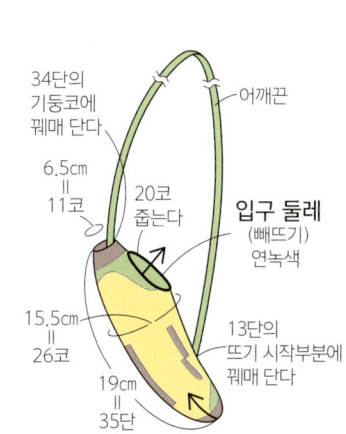

입구 둘레 (빼뜨기) 연녹색

## 사파리 모자 PHOTO P.18-19

**실** 하마나카 에코안다리아(40g 1볼)
- ⑲ 카키(59) 110g 블루그린(63) 20g /
- ⑳ 블루그린(63) 70g 카키(59) 15g

하마나카 아미아미 코튼(25g 1볼) 검정(20) 각 10g

**바늘** 하마나카 아미아미 양쪽 코바늘 라쿠라쿠 5/0호

**기타** 하마나카 테크노로트(H204-593)
- ⑲ 1,140cm / ⑳ 760cm

하마나카 열수축 튜브(H204-605) 각 5cm
길이 2.2cm 끈 스토퍼 각 1개

**게이지** 짧은뜨기 16코 16.5단=10cm×10cm

**완성 치수** ⑲ 머리둘레 60cm 높이 9.5cm /
⑳ 머리둘레 55cm 높이 8cm

**뜨는 방법** 실 한 가닥을 사용해서 지정한 배색대로 뜹니다. 윗부분은 원형 시작코를 잡아 짧은뜨기 8코를 넣어 뜹니다. 2단부터는 도안과 같이 코를 늘려가며 지정한 단수만큼 짧은뜨기합니다. 그런 다음 옆부분을 콧수 증감 없이 짧은뜨기하는데, 지정한 단에서 끈 통과 구멍을 만듭니다. 챙은 테크노로트를 감싸 도안과 같이 코를 늘려가며 뜨는데, 1단은 아랫단의 코머리 앞쪽 반코를 주워서 뜹니다. 끈은 하마나카 아미아미 코튼으로 사슬뜨기해서 만들고 끈 통과 구멍에 끼워서 스토퍼를 답니다.

### ⑲ 콧수와 코 늘리기

| | 단 | 콧수 | 코 늘리기 | |
|---|---|---|---|---|
| 챙 | 12 | 184코 | 증감 없음 | 테크노로트를 감싸서 뜬다 |
| | 11 | 184코 | 각 단마다 8코씩 늘린다 | |
| | 10 | 176코 | | |
| | 9 | 168코 | | |
| | 8 | 160코 | | |
| | 7 | 152코 | 증감 없음 | |
| | 6 | 152코 | 각 단마다 8코씩 늘린다 | |
| | 5 | 144코 | | |
| | 4 | 136코 | | |
| | 3 | 128코 | | |
| | 2 | 120코 | 증감 없음 | |
| | 1 | 120코 | 24코 늘린다 | |
| 옆부분 | 1~16 | 96코 | 증감 없음 | |
| 윗부분 | 14 | 96코 | 8코 늘린다 | |
| | 13 | 88코 | 증감 없음 | |
| | 12 | 88코 | 각 단마다 8코씩 늘린다 | |
| | 11 | 80코 | | |
| | 10 | 72코 | | |
| | 9 | 64코 | | |
| | 8 | 56코 | | |
| | 7 | 48코 | 증감 없음 | |
| | 6 | 48코 | 각 단마다 8코씩 늘린다 | |
| | 5 | 40코 | | |
| | 4 | 32코 | | |
| | 3 | 24코 | | |
| | 2 | 16코 | | |
| | 1 | 원 속에 8코 넣어 뜨기 | | |

### ⑳ 콧수와 코 늘리기

| | 단 | 콧수 | 코 늘리기 | |
|---|---|---|---|---|
| 챙 | 9 | 160코 | 각 단마다 8코씩 늘린다 | 테크노로트를 감싸서 뜬다 |
| | 8 | 152코 | | |
| | 7 | 144코 | 증감 없음 | |
| | 6 | 144코 | 각 단마다 8코씩 늘린다 | |
| | 5 | 136코 | | |
| | 4 | 128코 | | |
| | 3 | 120코 | | |
| | 2 | 112코 | 2코 늘린다 | |
| | 1 | 110코 | 22코 늘린다 | |
| 옆부분 | 1~13 | 88코 | 증감 없음 | |
| 윗부분 | 1~13 | 블루그린을 사용해서 ⑲와 같은 방법으로 뜬다 | | |

### ⑲
- 윗부분(짧은뜨기) 8.5cm=14단
- 옆부분(짧은뜨기) 60cm=96코 / 9.5cm=16단
- 챙(짧은뜨기) 7cm=12단
- 4단 블루그린
- 1단 블루그린
- 끈 검정
- 스토퍼

### ⑲ 끈 하마나카 아미아미 코튼 검정 (사슬뜨기)
123cm=약 250코
끝을 한 번 묶는다

### ⑳
- 윗부분(짧은뜨기) 8cm=13단
- 옆부분(짧은뜨기) 55cm=88코 / 8cm=13단
- 챙(짧은뜨기) 5.5cm=9단
- 4단 카키
- 1단 카키
- 끈 검정
- 스토퍼

### ⑳ 끈 하마나카 아미아미 코튼 검정 (사슬뜨기)
98cm=약 200코
끝을 한 번 묶는다

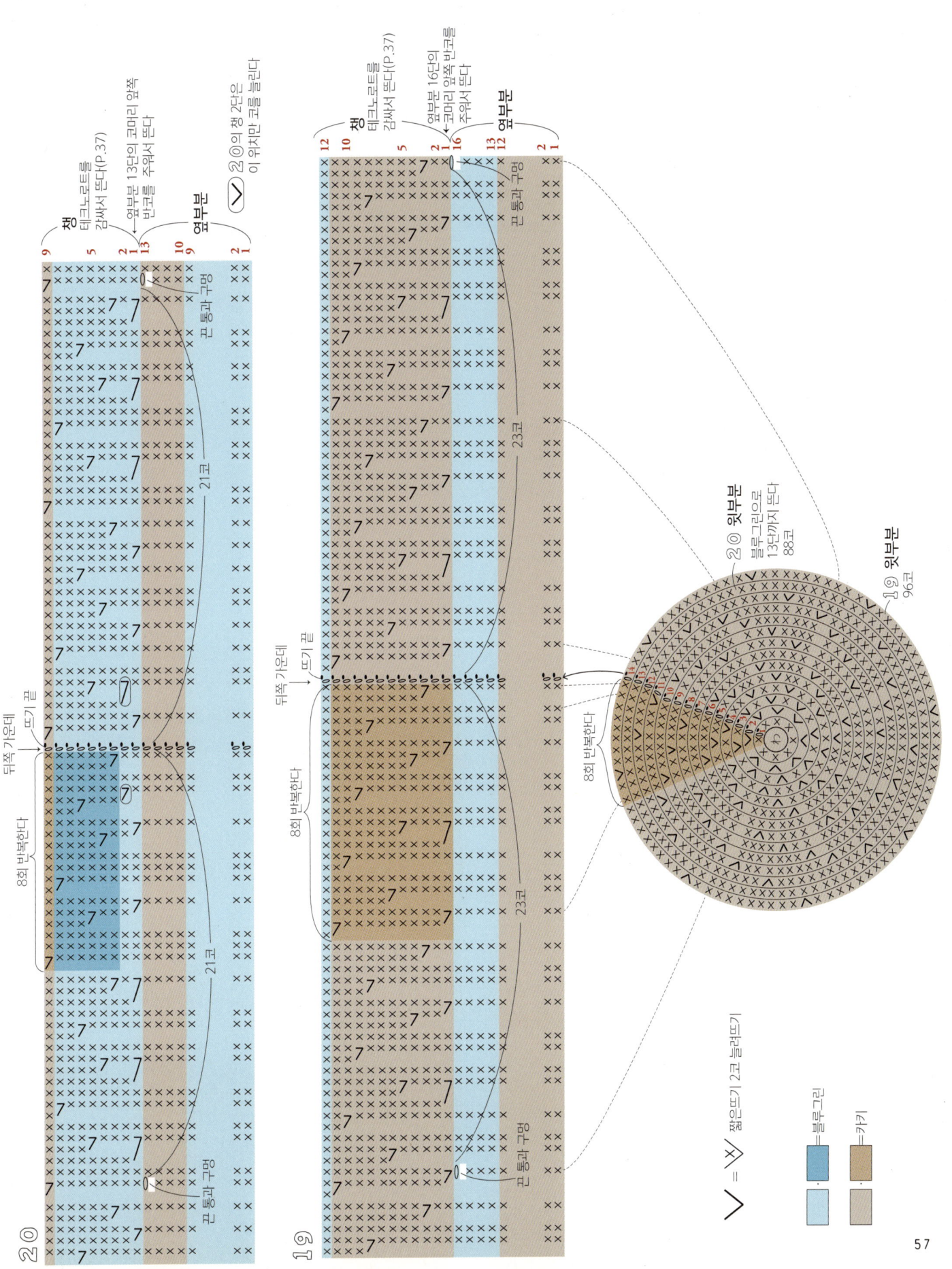

# 곰돌이 귀를 단 모자 PHOTO P.20

**실** 하마나카 에코안다리아(40g 1볼)
　21 라이트브라운(15) 〈대〉, 〈소〉 각 70g /
　22 아이보리(168) 〈대〉75g, 〈소〉70g
**바늘** 하마나카 아미아미 양쪽 코바늘 라쿠라쿠 5/0호
**기타** 하마나카 테크노로트(H204-593)
　21 〈대〉〈소〉 각 40cm / 22 〈대〉70cm 〈소〉65cm
　하마나카 열수축 튜브(H204-605) 각 5cm
**게이지** 짧은뜨기 17.5코 19단=10cm×10cm
**완성 치수**(21, 22 공통)
　머리둘레 〈대〉51cm, 〈소〉48cm 높이 16cm

**뜨는 방법** 실은 한 가닥을 사용해서 뜹니다.
크라운은 원형 시작코를 잡아 짧은뜨기 6코를 넣어 뜹니다. 2단부터는 도안과 같이 코를 늘려가며 30단('콧수와 코 늘리기, 코 줄이기' 참조)을 짧은뜨기합니다. 21은 실을 쉬게 하고 지정한 위치에 실을 연결해서 챙을 뜹니다. 쉬게 한 실로 테두리뜨기하는데, 지정한 단에서 테크노로트를 감싸서 뜨며 안쪽에서 1단을 빼뜨기합니다. 22는 크라운에 이어서 챙을 도안과 같이 코를 늘려가며 짧은뜨기하는데, 지정한 단에서 테크노로트를 감싸서 뜨며 안쪽에서 1단을 빼뜨기합니다. 귀는 원형 시작코를 잡고 도안과 같이 짧은뜨기로 두 장을 떠서 크라운에 감침질해 답니다.

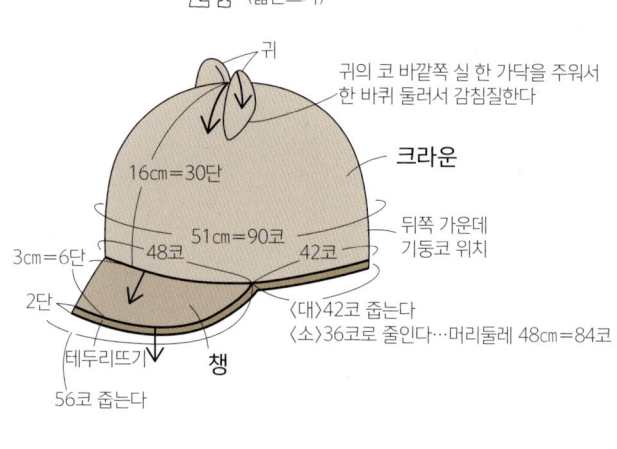

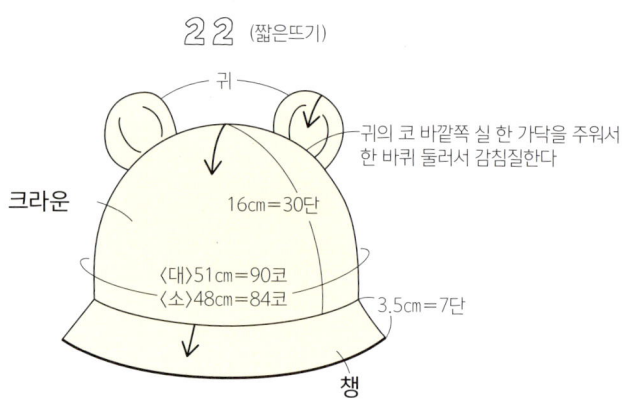

### 콧수와 코 늘리기, 코 줄이기

※21〈소〉는 테두리뜨기해서 84코로 줄인다

| | 단 | 21〈대〉〈소〉 콧수 | 21〈대〉〈소〉 코 늘리기, 코 줄이기 | 22〈대〉 콧수 | 22〈소〉 콧수 | 22 공통 코 늘리기 |
|---|---|---|---|---|---|---|
| 챙 | 6 | 40코 | | 114코 | 108코 | 증감 없음 |
| | 5 | 44코 | 각 단마다 4코씩 줄인다 | 114코 | 108코 | |
| | 4 | 48코 | | 114코 | 108코 | 6코 늘린다 |
| | 3 | 52코 | | 108코 | 102코 | 증감 없음 |
| | 2 | 56코 | 4코 늘리고 2코 줍는다 | 108코 | 102코 | 6코 늘린다 |
| | 1 | 48코에서 54코 줍는다 | | 102코 | 96코 | 12코 늘린다 |
| 크라운 | 16~30 | 90코 | 증감 없음 | 90코 | 84코 | 증감 없음 |
| | 15 | 90코 | | | 84코 | 〈소〉는 늘리지 않는다 |
| | 14 | 84코 | | | | |
| | 13 | 78코 | | | | |
| | 12 | 72코 | | | | |
| | 11 | 66코 | | | | |
| | 10 | 60코 | | | | |
| | 9 | 54코 | 각 단마다 6코씩 늘린다 | | | |
| | 8 | 48코 | | | | |
| | 7 | 42코 | | | | |
| | 6 | 36코 | | | | |
| | 5 | 30코 | | | | |
| | 4 | 24코 | | | | |
| | 3 | 18코 | | | | |
| | 2 | 12코 | | | | |
| | 1 | 원 속에 6코 넣어 뜨기 | | | | |

21 22가 똑같다

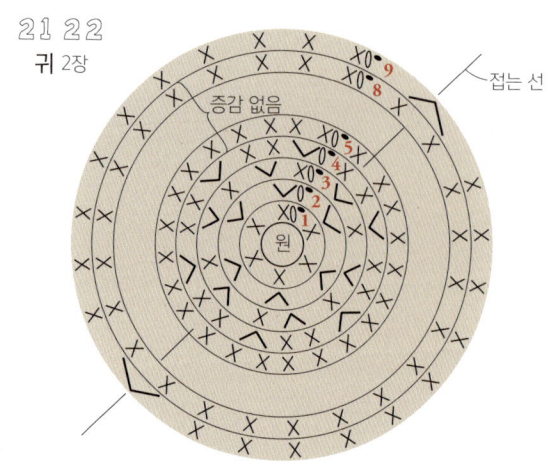

21 22 귀 2장

22의 〈소〉는 뜨지 않는다

21의 〈소〉만 코를 줄인다

= 짧은뜨기 2코 늘려뜨기

= 짧은뜨기 2코 모아뜨기

=실을 연결한다

=실을 자른다

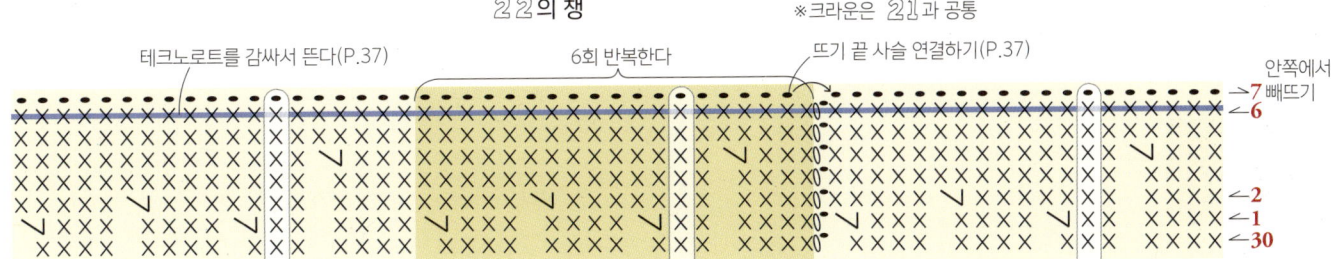

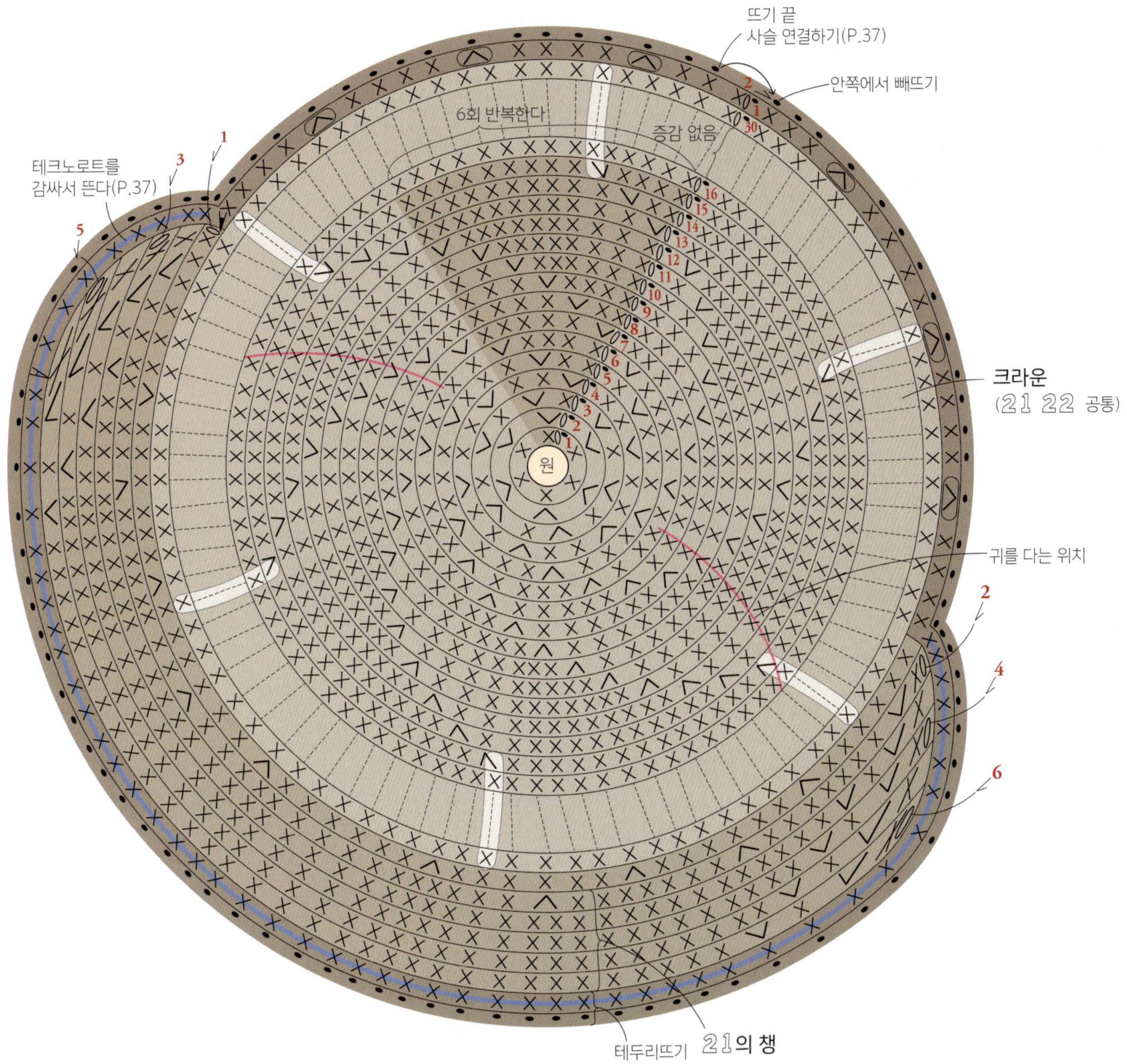

# 토트백 PHOTO P.24-25

**24**

**25**

**실** 하마나카 에코안다리아(40g 1볼) 200g
　**24** 검정(30) / **25** 빨강(37)
**바늘** 하마나카 아미아미 양쪽 코바늘 라쿠라쿠 6/0호
**기타** 하마나카 사각 가죽 바닥판 베이지
　(H204-617-1) 각 1장
**게이지** ①무늬뜨기 1무늬=약 2cm 10단=10cm
**완성 치수** 그림 참조

**뜨는 방법** 실 한 가닥을 사용해서 뜹니다.
가죽 바닥판 구멍에 짧은뜨기 174코를 넣어 뜹니다. 그런 다음 옆면은 무늬 48개를 주워서 콧수 증감 없이 27단을 뜹니다. 입구는 ②무늬뜨기로 3단을 뜹니다. 손잡이는 사슬 80코로 시작코를 만들고 도안과 같이 2단을 짧은뜨기한 뒤 둘레 1단을 빼뜨기합니다. 같은 방법으로 하나 더 떠서 지정한 위치에 꿰매 답니다.

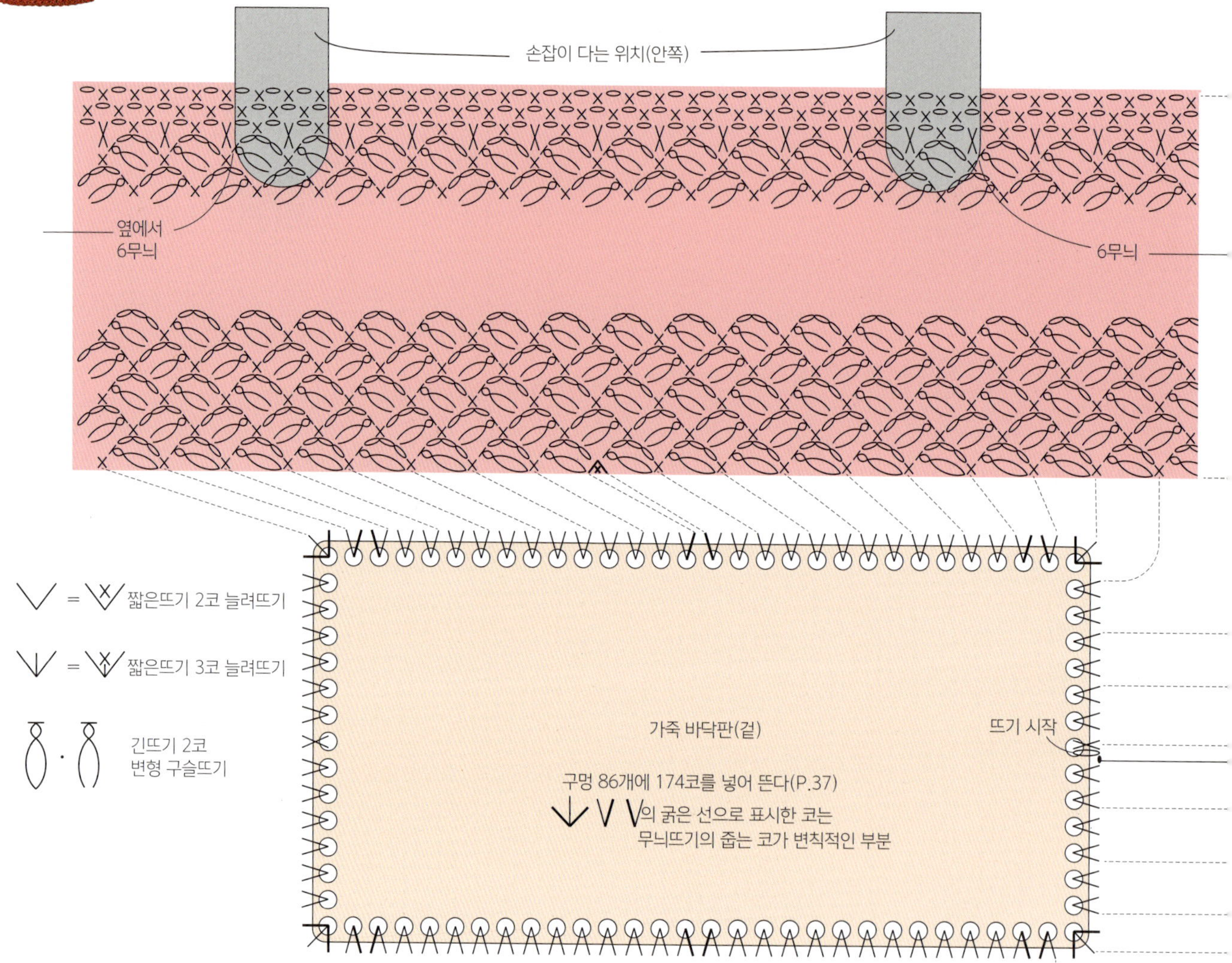

손잡이 다는 위치(안쪽)

옆에서 6무늬

6무늬

V = 짧은뜨기 2코 늘려뜨기

V = 짧은뜨기 3코 늘려뜨기

긴뜨기 2코 변형 구슬뜨기

가죽 바닥판(겉)

구멍 86개에 174코를 넣어 뜬다(P.37)

↓ V V의 굵은 선으로 표시한 코는 무늬뜨기의 줍는 코가 변칙적인 부분

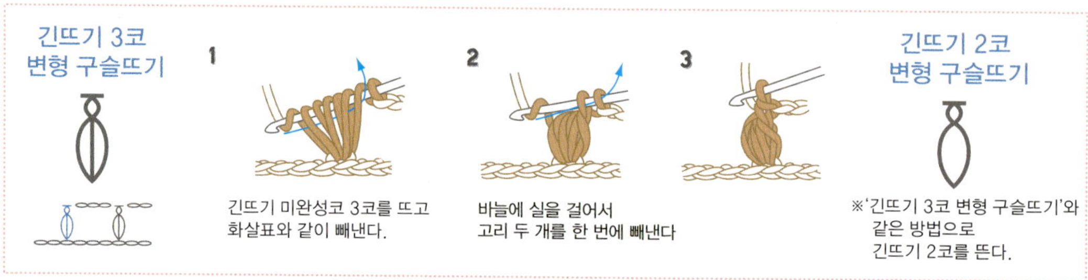

뜨기 시작

**긴뜨기 3코 변형 구슬뜨기**

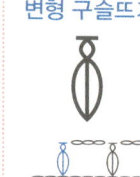

**1**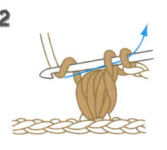
긴뜨기 미완성코 3코를 뜨고 화살표와 같이 빼낸다.

**2**
바늘에 실을 걸어서 고리 두 개를 한 번에 빼낸다

**3**

**긴뜨기 2코 변형 구슬뜨기**

※'긴뜨기 3코 변형 구슬뜨기'와 같은 방법으로 긴뜨기 2코를 뜬다.

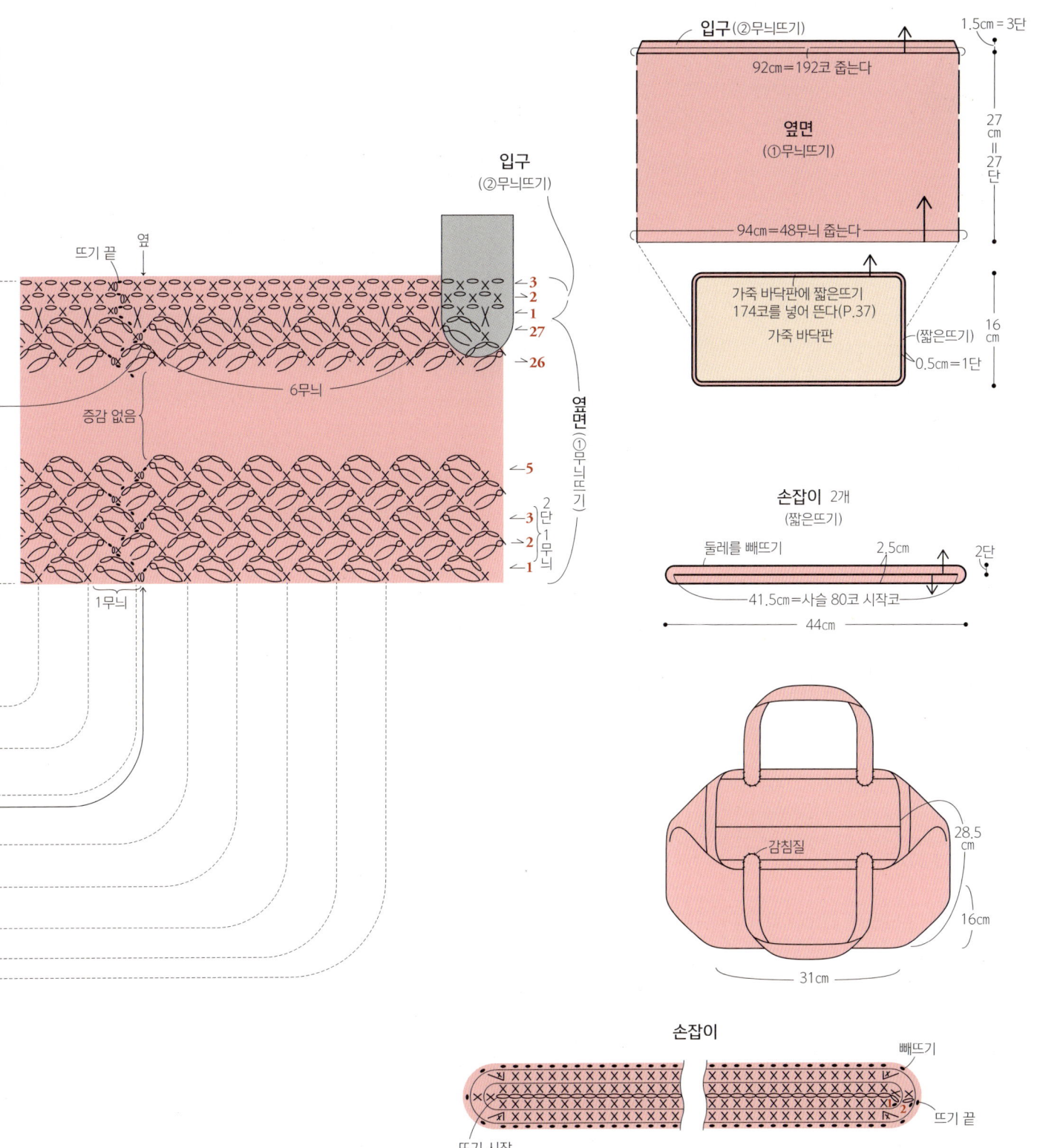

# 그래니백 PHOTO P.26

**실** 하마나카 에코안다리아(40g 1볼)
 26 베이지(23) 95g 검정(30) 20g /
 27 베이지(23) 170g 검정(30) 35g
**바늘** 하마나카 아미아미 양쪽 코바늘 라쿠라쿠 7/0호
**게이지** 무늬뜨기 22코 21단=10cm×10cm
**완성 치수** 그림 참조

**뜨는 방법** 실 한 가닥을 사용해서 지정한 배색대로 뜹니다.
바닥은 원형 시작코를 잡아 도안과 같이 넣어 뜨고 2단부터는 코를 늘려가며 무늬뜨기합니다. 그런 다음 옆면의 코를 늘려가며 무늬뜨기합니다. 입구는 짧은뜨기하는데, 1단은 도안과 같이 주름을 잡으며 뜨고 뜨기 끝부분은 실을 쉬게 합니다. 지정한 위치에 실을 연결해서 사슬뜨기로 손잡이의 시작코를 만들어서 쉬게 해놓은 실로 입구와 손잡이를 짧은뜨기합니다. 손잡이 둘레는 가운데에 실을 연결해서 짧은뜨기합니다.

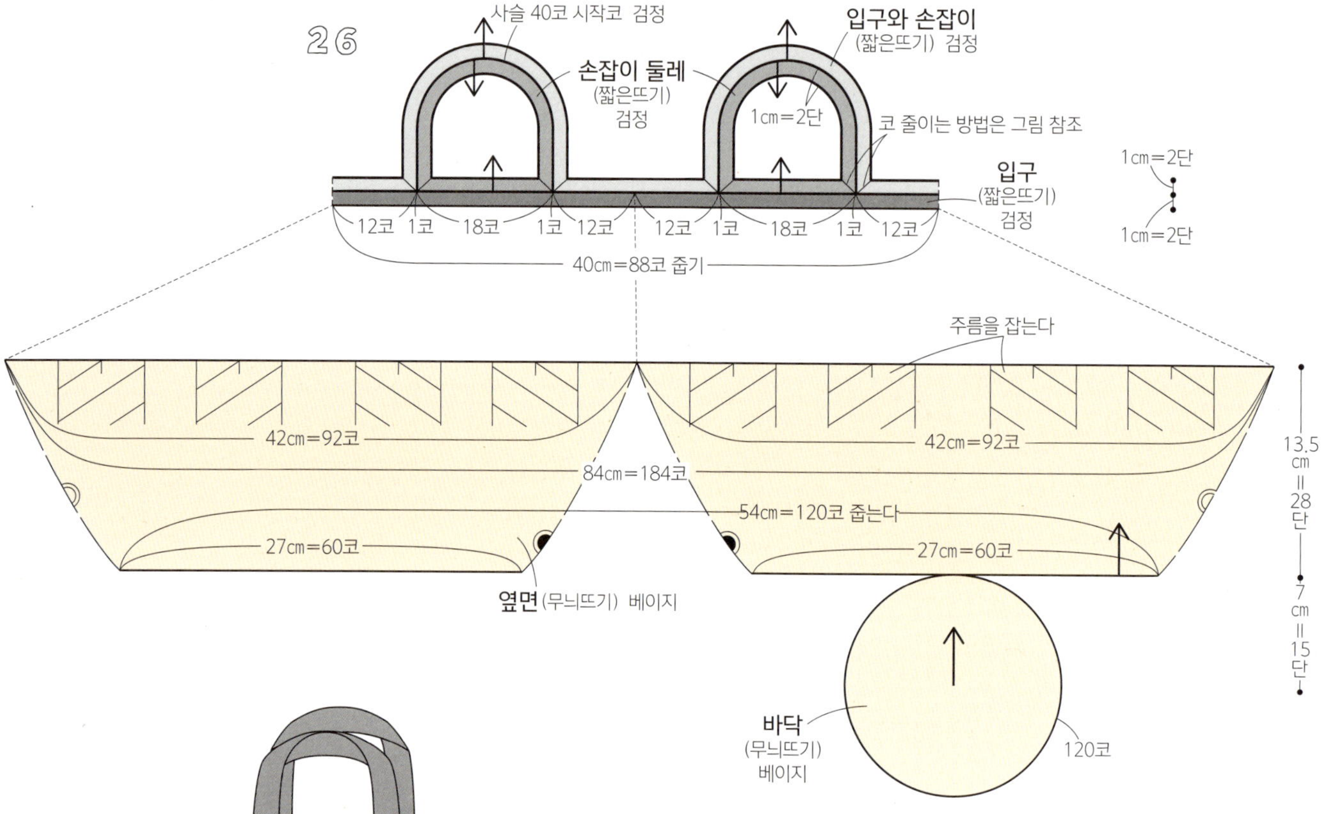

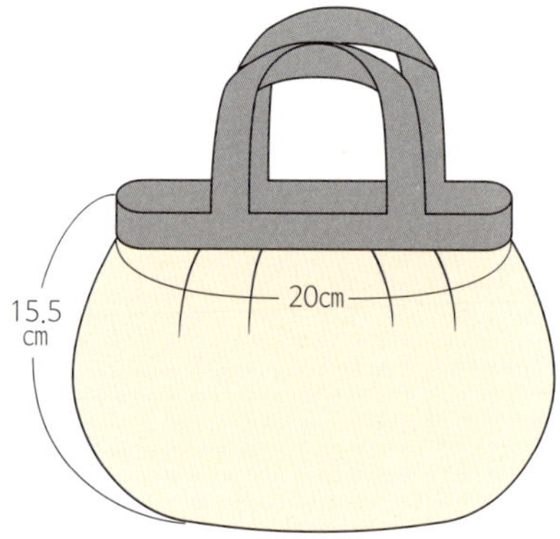

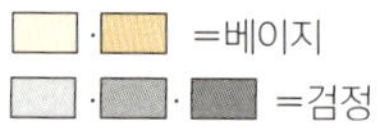

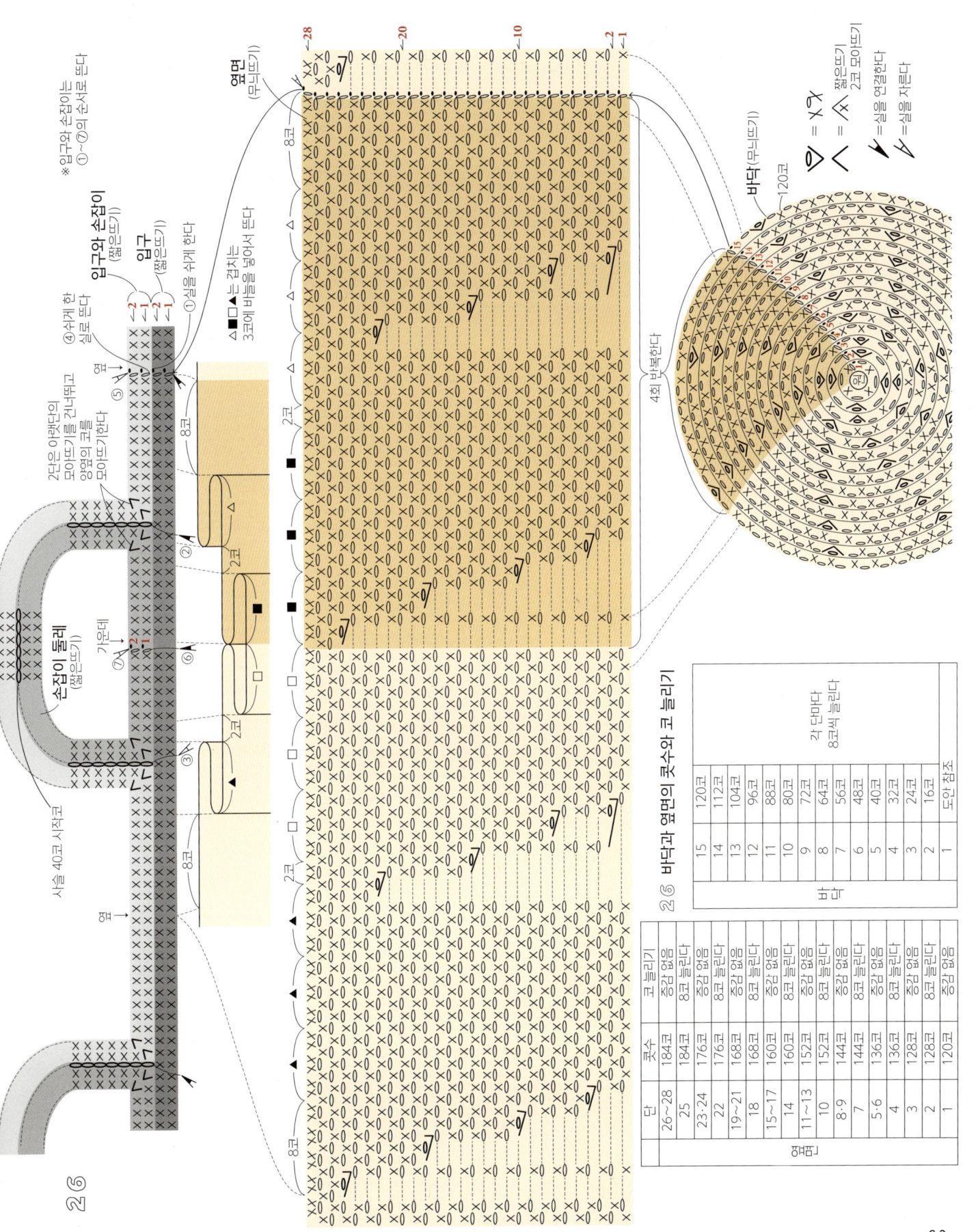

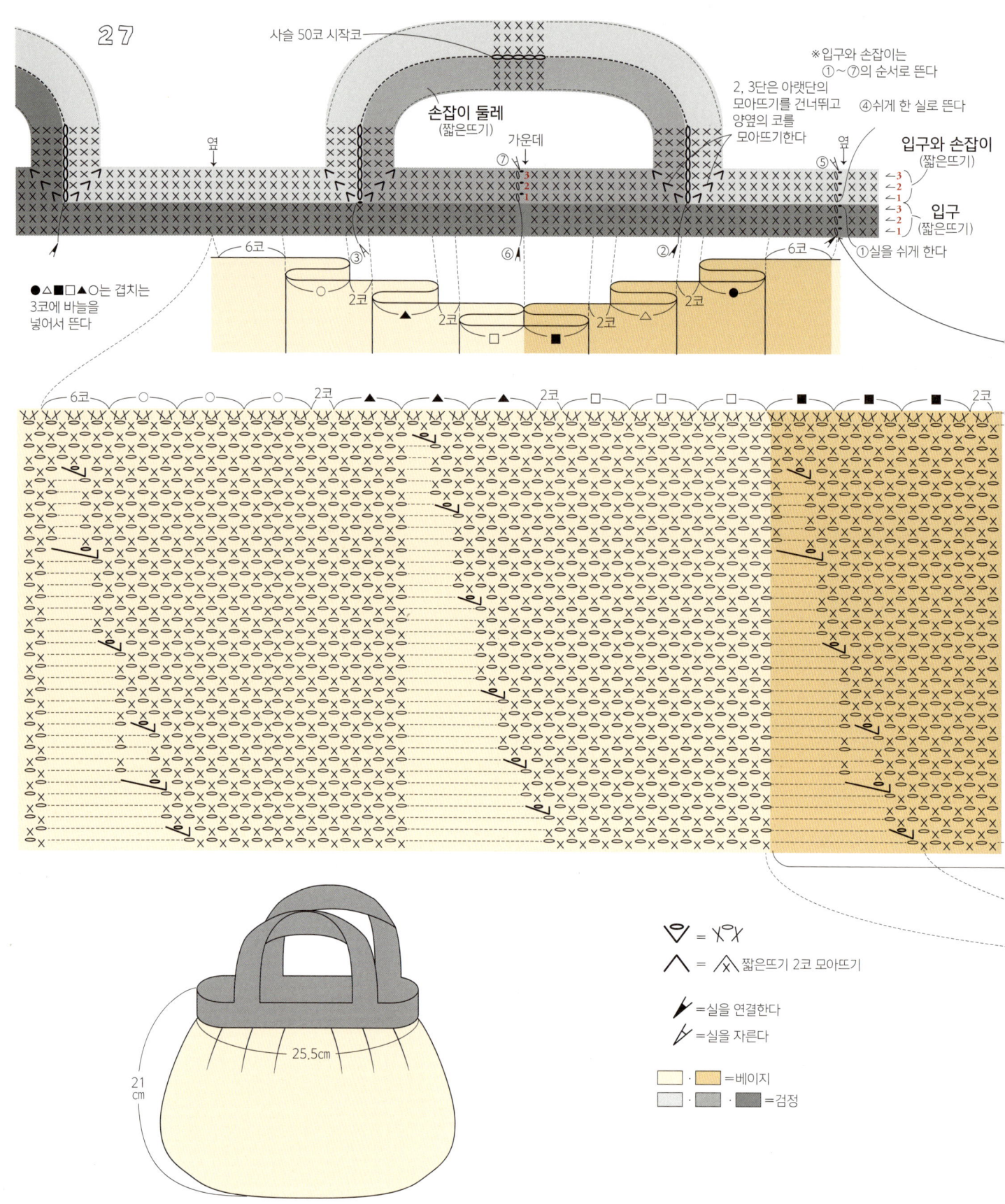

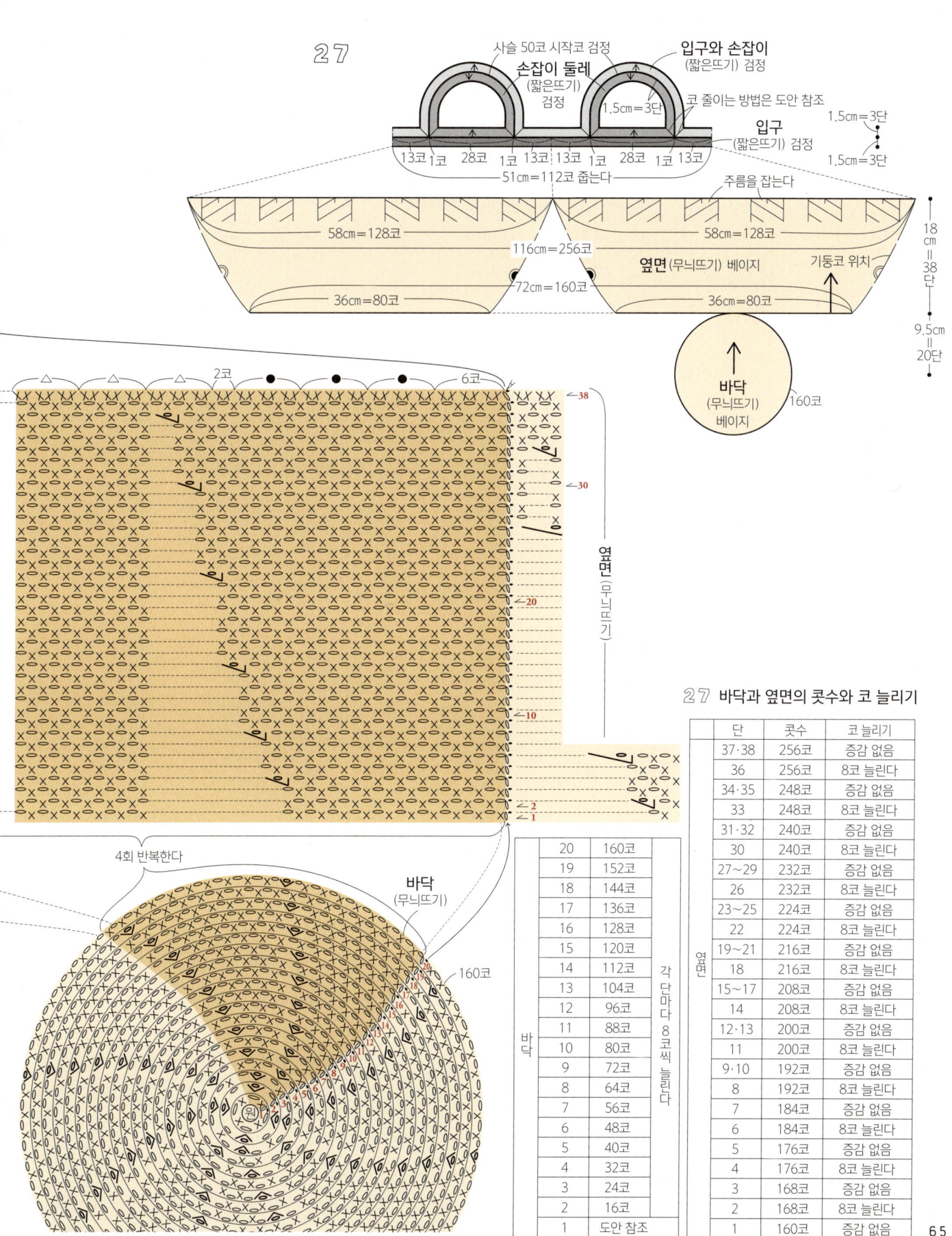

# 보터 PHOTO P.27, 35

## 28

**실** 하마나카 에코안다리아(40g 1볼)
  베이지(23) 80g,
  하마나카 에코안다리아 크로셰(30g 1볼)
  검정(807) 10g
**바늘** 하마나카 아미아미 양쪽 코바늘 라쿠라쿠 5/0호, 3/0호
**기타** 하마나카 테크노로트(H204-593) 90㎝
  하마나카 열수축 튜브(H204-605) 5㎝
  하마나카 니트링 12㎜(H204-588-12) 15개
**게이지** 짧은뜨기 19코 20단=10㎝×10㎝
**완성 치수** 머리둘레 51㎝ 높이 7.5㎝

**뜨는 방법** 실 한 가닥을 사용해서 모자는 에코안다리아, 장식은 에코안다리아 크로셰로 뜹니다.
윗부분은 사슬 5코로 시작코를 만들고 도안처럼 기둥코 없이 짧은뜨기로 코를 늘려가며 둥글게 돌려 뜹니다. 그런 다음 옆부분을 콧수 증감 없이 짧은뜨기합니다. 챙을 짧은뜨기로 코를 늘려가며 뜨는데 마지막 단은 테크노로트를 감싸서 뜹니다. 장식은 니트링을 함께 떠나가며 모티프를 반씩 뜨고 마지막 한 장과 처음 한 장을 고리 모양으로 연결합니다. 옆부분에 장식을 꿰매 답니다.

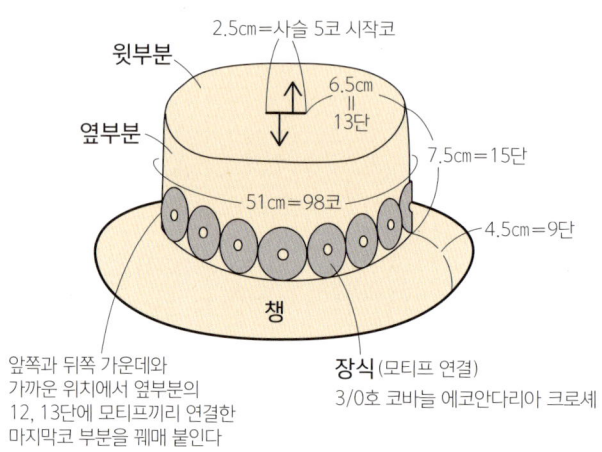

모자(짧은뜨기)
5/0호 코바늘 에코안다리아

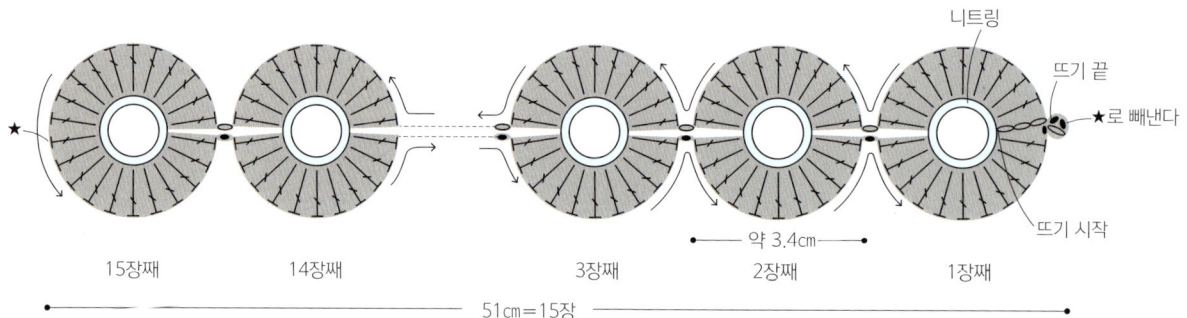

장식(모티프 연결) 3/0호 코바늘 에코안다리아 크로셰
니트링에 한길긴뜨기로 연결한다

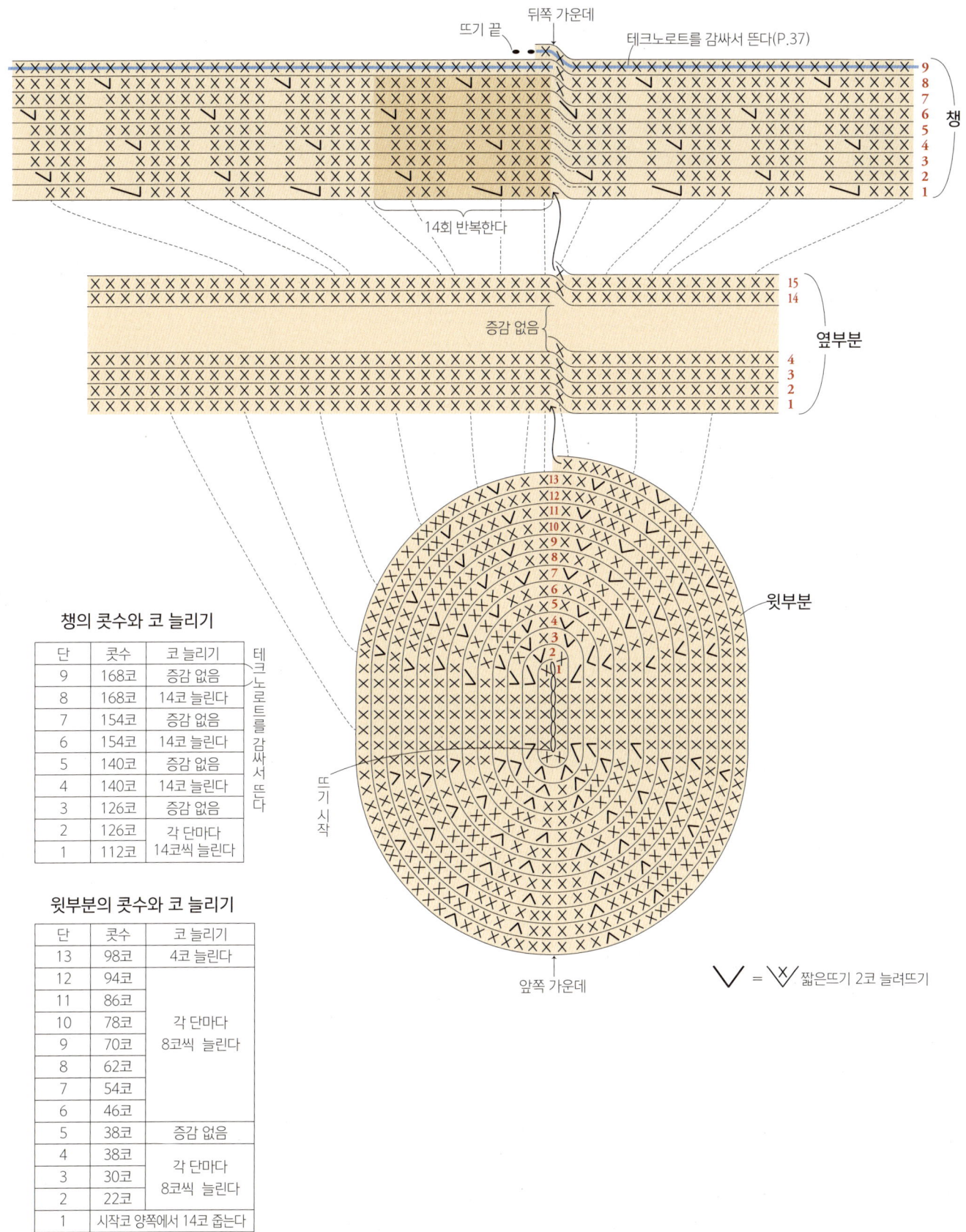

# 캡 PHOTO P.28, 34

**실** 하마나카 에코안다리아(40g 1볼)
  29 카키(59) 65g /
  30 샌드베이지(169) 45g
  하마나카 피콜로(25g 1볼)
  30 라이트그린(48) 5g
**바늘** 하마나카 아미아미 양쪽 코바늘 라쿠라쿠 6/0호
**게이지** 짧은뜨기 16.5코 19단=10cm×10cm
**완성 치수** 29 머리둘레 58cm 높이 17cm /
  30 머리둘레 51cm 높이 15cm

**뜨는 방법** 실은 한 가닥을 사용해서 뜹니다.
원형 시작코를 잡아 짧은뜨기를 지정한 콧수만큼 넣어 뜹니다. 2단부터는 도안과 같이 코를 늘려가며 크라운을 지정한 단수만큼 짧은뜨기하고 실을 쉬게 합니다. 지정한 위치에 실을 연결하고 챙을 도안과 같이 왕복해서 뜹니다. 쉬게 해놓은 실로 둘레 1단을 테두리뜨기합니다. 30은 폼폼을 만들어 답니다.

∨ = 짧은뜨기 2코 늘려뜨기
↗ = 실을 연결한다
↘ = 실을 자른다

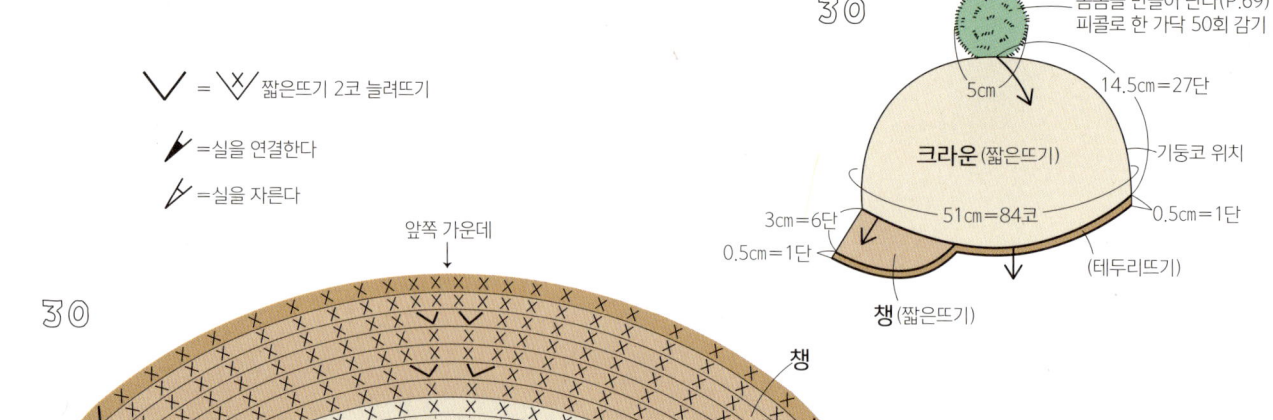

### 30 콧수와 코 늘리기, 코 줄이기

| | 단 | 콧수 | 코 늘리기, 코 줄이기 |
|---|---|---|---|
| | 테두리뜨기 | 94코 | 크라운에서 58코, 챙에서 36코 줍는다 |
| 챙 | 6 | 23코 | 3코 줄여서 실을 빼낸다 |
| | 5 | 26코 | 2코 줄이고 3코 늘린다 |
| | 4 | 25코 | 2코 줄이고 1코 늘린다 |
| | 3 | 26코 | 2코 줄이고 1코 늘린다 |
| | 2 | 27코 | 1코 줄이고 2코 늘린다 |
| | 1 | | 26코 줍는다 |
| 크라운 | 21~27 | 84코 | 증감 없음 |
| | 20 | 84코 | 7코 늘린다 |
| | 18·19 | 77코 | 증감 없음 |
| | 17 | 77코 | 7코 늘린다 |
| | 15·16 | 70코 | 증감 없음 |
| | 14 | 70코 | 7코 늘린다 |
| | 12·13 | 63코 | 증감 없음 |
| | 11 | 63코 | 각 단마다 7코씩 늘린다 |
| | 10 | 56코 | |
| | 9 | 49코 | |
| | 8 | 42코 | |
| | 7 | 35코 | 증감 없음 |
| | 6 | 35코 | 7코 늘린다 |
| | 5 | 28코 | 증감 없음 |
| | 4 | 28코 | 각 단마다 7코씩 늘린다 |
| | 3 | 21코 | |
| | 2 | 14코 | |
| | 1 | | 원 속에 7코 넣어 뜨기 |

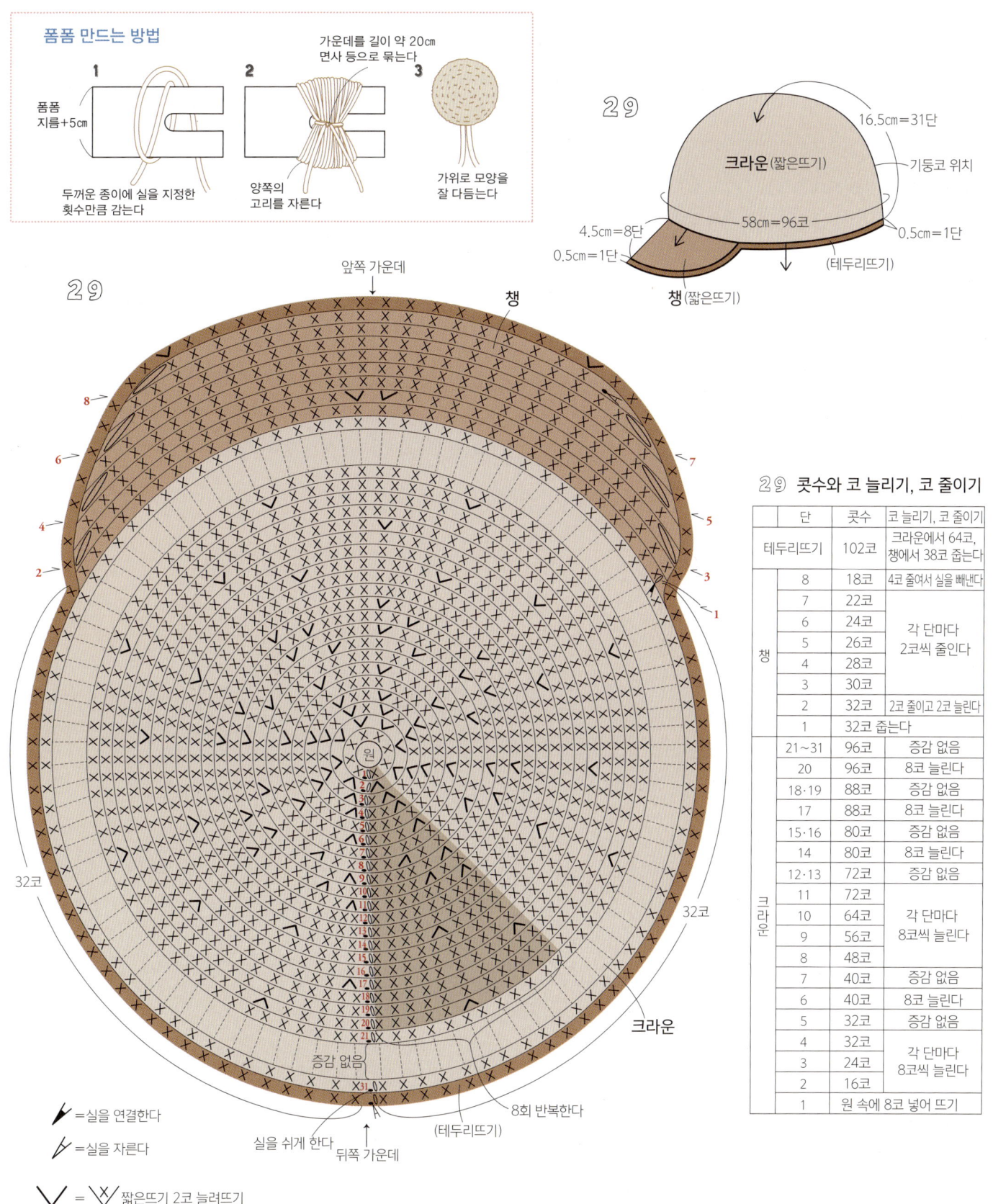

# 포니테일용 모자 PHOTO P.29

**실** 하마나카 에코안다리아(40g 1볼)
  31 차콜그레이(151) 120g /
  32 베이지(23) 90g
**바늘** 하마나카 아미아미 양쪽 코바늘 라쿠라쿠 5/0호
**기타** 하마나카 테크노로트(H204-593)
  31 110cm / 32 95cm
  하마나카 열수축 튜브(H204-605) 각 5cm
**게이지** 짧은뜨기 17코 19단=10cm×10cm
**완성 치수** 31 머리둘레 56cm 높이 10cm /
  32 머리둘레 52cm 높이 9cm

**뜨는 방법** 실은 한 가닥을 사용해서 뜹니다.
원형 시작코를 잡아 짧은뜨기 8코를 넣어 뜹니다. 2단부터는 도안과 같이 코를 늘려가며 윗부분을 지정한 단수만큼 짧은뜨기합니다. 그런 다음 옆부분을 콧수 증감 없이 짧은뜨기하고 짧은뜨기 이랑뜨기(왕복)로 뒤쪽 가운데에 구멍을 내어 왕복해서 뜹니다. 구멍 둘레를 테두리뜨기한 뒤 실을 자릅니다. 지정한 위치에 실을 연결해서 짧은뜨기 1단을 뜹니다. 챙은 짧은뜨기로 뜨는데 마지막 단은 테크노로트를 감싸서 뜹니다.

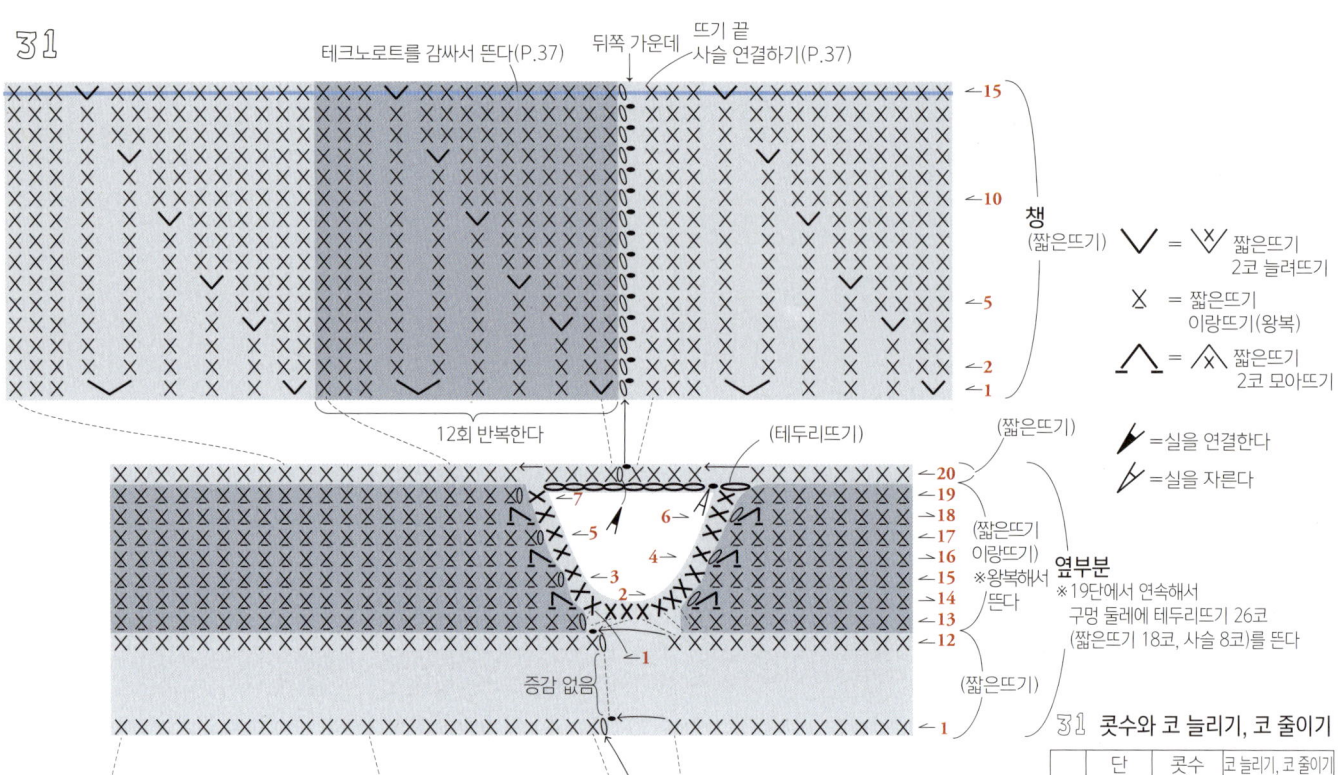

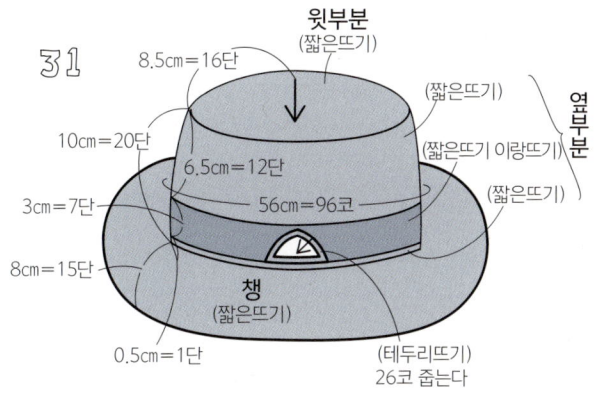
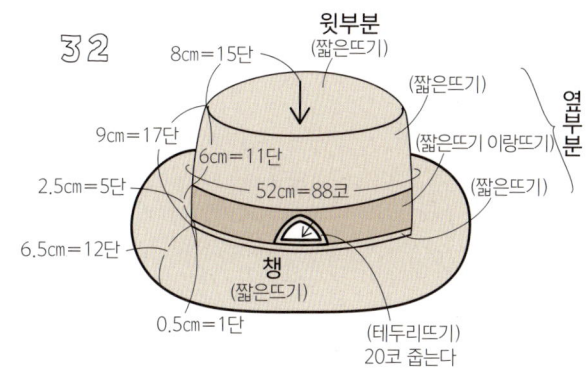

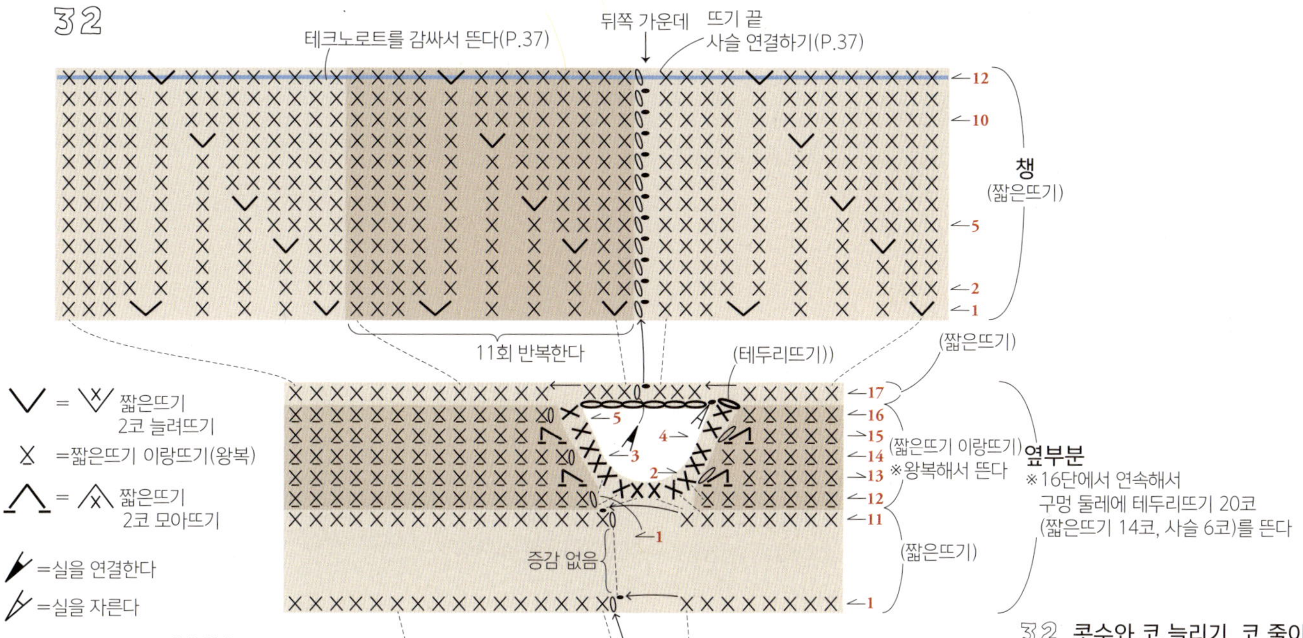

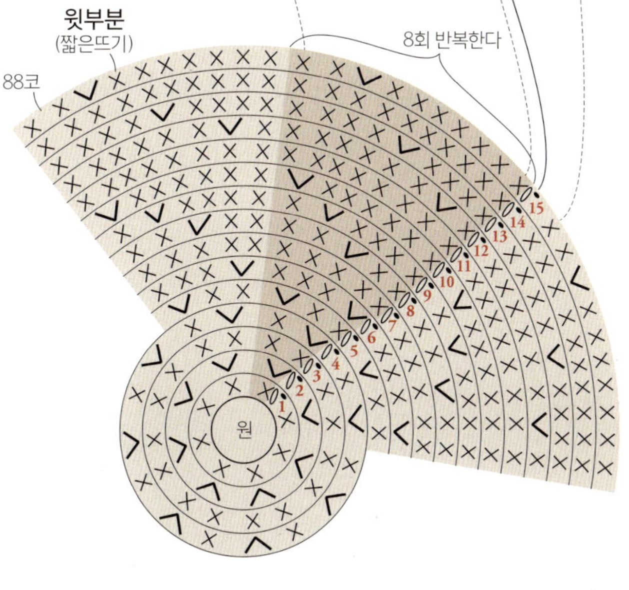

## 32 콧수와 코 늘리기, 코 줄이기

| | 단 | 콧수 | 코 늘리기·코 줄이기 | |
|---|---|---|---|---|
| 윗부분 | 15 | 88코 | 8코 늘린다 | 테크노로트를 감싸서 뜬다 |
| | 14 | 80코 | 증감 없음 | |
| | 13 | 80코 | 각 단마다 8코씩 늘린다 | |
| | 12 | 72코 | | |
| | 11 | 64코 | 증감 없음 | |
| | 10 | 64코 | 각 단마다 8코씩 늘린다 | |
| | 9 | 56코 | | |
| | 8 | 48코 | | |
| | 7 | 40코 | 증감 없음 | |
| | 6 | 40코 | 각 단마다 8코씩 늘린다 | |
| | 5 | 32코 | | |
| | 4 | 24코 | | |
| | 3 | 16코 | 증감 없음 | |
| | 2 | 16코 | 8코 늘린다 | |
| | 1 | 원 속에 8코 넣어 뜬다 | | |

| | 단 | 콧수 | 코 늘리기·코 줄이기 | |
|---|---|---|---|---|
| 챙 | 12 | 154코 | 11코 늘린다 | 테크노로트를 감싸서 뜬다 |
| | 10·11 | 143코 | 증감 없음 | |
| | 9 | 143코 | 11코 늘린다 | |
| | 7·8 | 132코 | 증감 없음 | |
| | 6 | 132코 | 11코 늘린다 | |
| | 5 | 121코 | 증감 없음 | |
| | 4 | 121코 | 11코 늘린다 | |
| | 2·3 | 110코 | 증감 없음 | |
| | 1 | 110코 | 22코 늘린다 | |
| 옆부분 | 17 | 88코 줍는다 | | 연속해서 테두리뜨기 한다 |
| | 16 | 82코 | 증감 없음 | |
| | 15 | 82코 | 2코 줄인다 | |
| | 14 | 84코 | 증감 없음 | |
| | 13 | 84코 | 2코 줄인다 | |
| | 12 | 86코 줍는다 | | |
| | 1~11 | 88코 | 증감 없음 | |

## 리본장식 모자 PHOTO P.30

### 33

**실** 하마나카 에코안다리아(40g 1볼)
레트로그린(68) 130g
**바늘** 하마나카 아미아미 양쪽 코바늘 라쿠라쿠 5/0호
**기타** 하마나카 테크노로트(H204-593) 95cm
하마나카 열수축 튜브 (H204-605) 5cm
**게이지** 짧은뜨기(원통) 16.5코 21단=10cm×10cm
짧은뜨기(왕복) 18코 17단=10cm×10cm
**완성 치수** 머리둘레 53cm 높이 15cm

**뜨는 방법** 실은 한 가닥을 사용해서 뜹니다.
크라운은 원형 시작코를 잡아 짧은뜨기 8코를 넣어 뜹니다. 2단부터는 도안과 같이 코를 늘려가며 지정한 단수만큼 짧은뜨기합니다. 그런 다음 챙을 도안과 같이 짧은뜨기로 9단을 뜬 뒤 실을 쉬게 합니다. 지정한 위치에 실을 연결해서 앞쪽만 4단을 더 떠서 챙의 폭을 넓히고 쉬게 해놓은 실로 테크노로트를 감싸서 뜨며 테두리뜨기합니다. 리본은 본체, 끈, 가운데를 전부 사슬로 시작코를 만들어서 도안과 같이 모양을 잡습니다. 크라운에 리본 끈을 감아 모양을 잡은 리본을 꿰매 답니다.

### 리본 본체

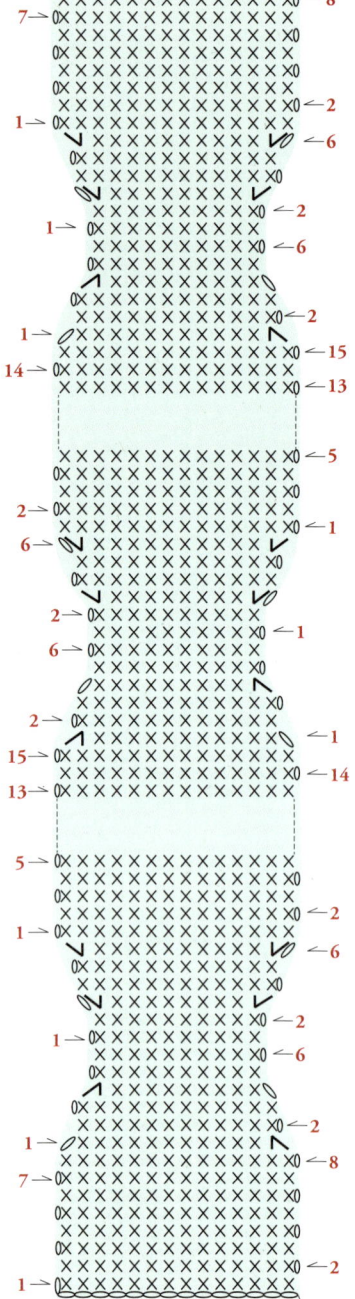

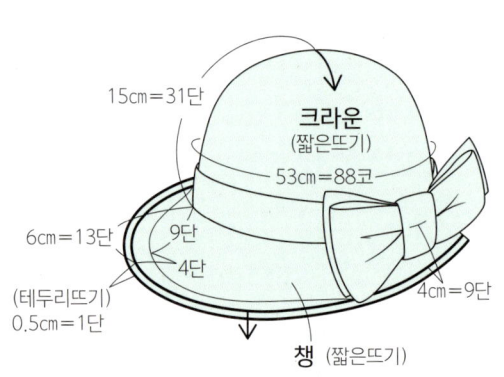

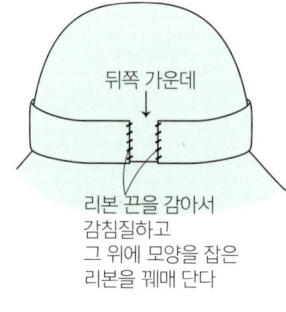

### 리본 모양을 잡는 방법

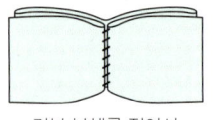

리본 본체를 접어서 가운데를 고정한다

리본 가운데를 감은 뒤 안쪽에서 감침질한다

### 리본 본체 (짧은뜨기)
도안 참조

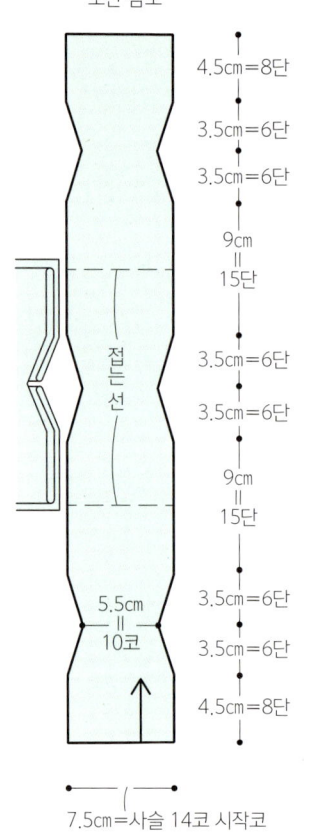

∨ = 짧은뜨기 2코 늘려뜨기
∧ = 짧은뜨기 2코 모아뜨기
= 실을 연결한다   = 실을 자른다

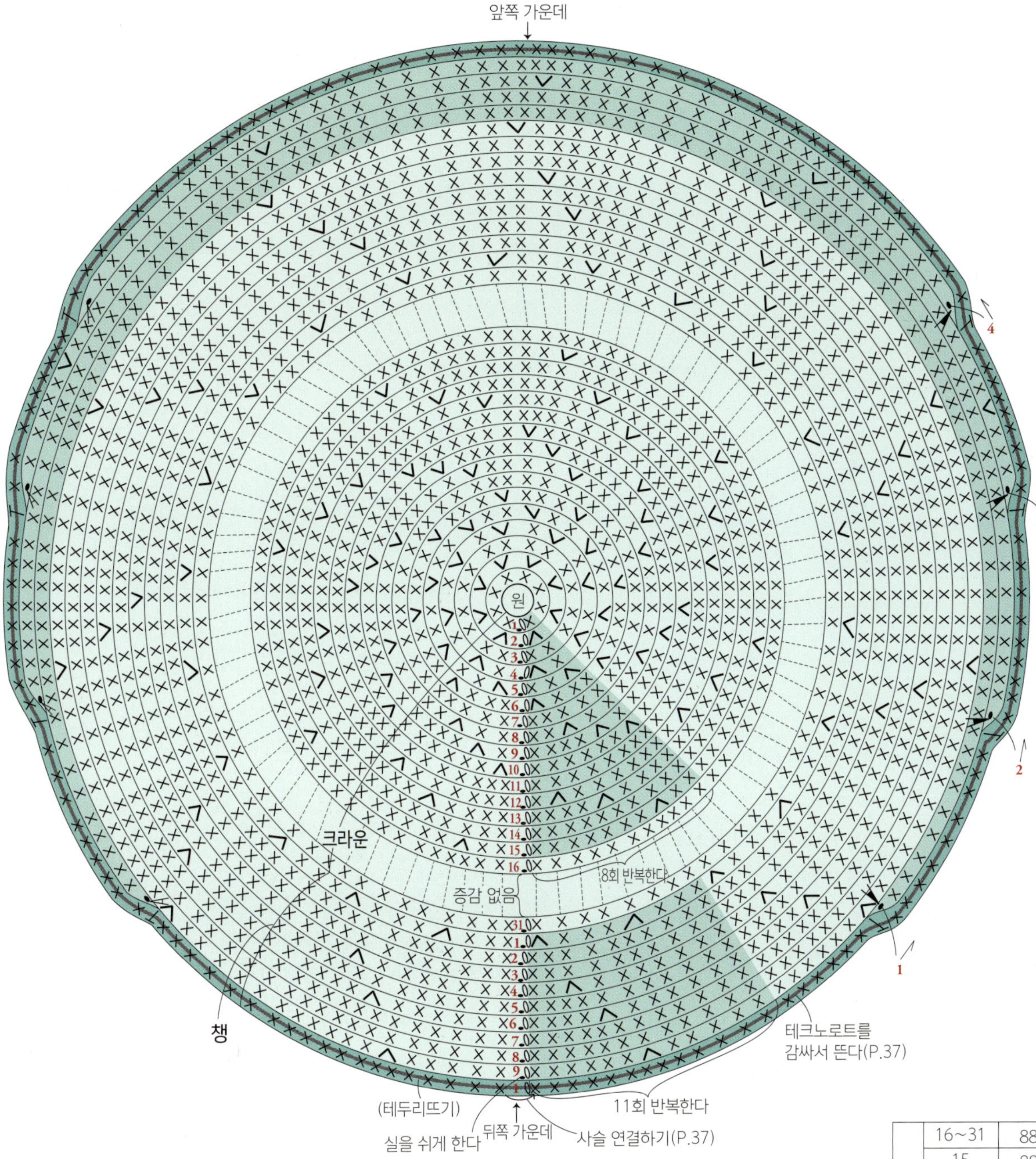

## 앞쪽 가운데

(crochet chart diagram)

- 크라운
- 챙
- 증감 없음
- 8회 반복한다
- 11회 반복한다
- (테두리뜨기)
- 실을 쉬게 한다
- 뒤쪽 가운데
- 사슬 연결하기(P.37)
- 테크노로트를 감싸서 뜬다(P.37)

### 리본 끈 (짧은뜨기)

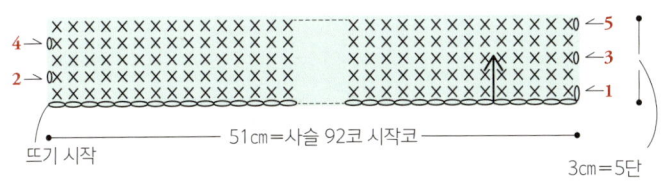

- 뜨기 시작
- 51cm = 사슬 92코 시작코
- 3cm = 5단

### 리본 가운데 (짧은뜨기)

- 뜨기 시작
- 11cm = 사슬 19코 시작코
- 3cm = 5단

### 콧수와 코 늘리기

| | 단 | 콧수 | 코 늘리기 |
|---|---|---|---|
| | 테두리뜨기 | 148코 | 테크노로트를 감싸서 뜬다 |
| 챙 | 4 (앞쪽만) | 48코 | |
| | 3 (앞쪽만) | 68코 | 5코 늘린다 |
| | 2 | 83코 | |
| | 1 | 103코 | |
| | 9 | 143코 | 11코 늘린다 |
| | 7·8 | 132코 | 증감 없음 |
| | 6 | 132코 | 11코 늘린다 |
| | 5 | 121코 | 증감 없음 |
| | 4 | 121코 | 11코 늘린다 |
| | 2·3 | 110코 | 증감 없음 |
| | 1 | 110코 | 22코 늘린다 |
| 크라운 | 16~31 | 88코 | 증감 없음 |
| | 15 | 88코 | 8코 늘린다 |
| | 14 | 80코 | 증감 없음 |
| | 13 | 80코 | 각 단마다 8코씩 늘린다 |
| | 12 | 72코 | |
| | 11 | 64코 | 증감 없음 |
| | 10 | 64코 | 각 단마다 8코씩 늘린다 |
| | 9 | 56코 | |
| | 8 | 48코 | |
| | 7 | 40코 | 증감 없음 |
| | 6 | 40코 | 각 단마다 8코씩 늘린다 |
| | 5 | 32코 | |
| | 4 | 24코 | |
| | 3 | 16코 | 증감 없음 |
| | 2 | 16코 | 8코 늘린다 |
| | 1 | 원 속에 8코 넣어 뜨기 |

# 리본장식 모자 PHOTO P.12, 31

## 34

**실** 하마나카 에코안다리아(40g 1볼)
　　　베이지(23) 210g
**바늘** 하마나카 아미아미 양쪽 코바늘 라쿠라쿠 5/0호
**기타** 하마나카 테크노르트(H204-593) 110cm
　　　하마나카 열수축 튜브(H204-605) 5cm
**게이지** 짧은뜨기(원통) 17코 20단=10cm×10cm
　　　　 짧은뜨기(왕복) 18코 21단=10cm×10cm
**완성 치수** 머리둘레 57cm 높이 18cm

**뜨는 방법** 실은 한 가닥을 사용해서 뜹니다.
크라운은 원형 시작코를 잡아 짧은뜨기 8코를 넣어 뜹니다. 2단부터는 도안과 같이 코를 늘려가며 지정한 단수만큼 짧은뜨기합니다. 그런 다음 챙을 도안과 같이 짧은뜨기로 뜨는데 마지막 단에서 테크노르트를 감싸 뜹니다. 리본은 본체, 가운데, 끈을 전부 사슬로 시작코를 만들어서 그림과 같이 모양을 잡습니다. 크라운에 리본 끈을 감아 모양을 잡은 리본을 꿰매 답니다.

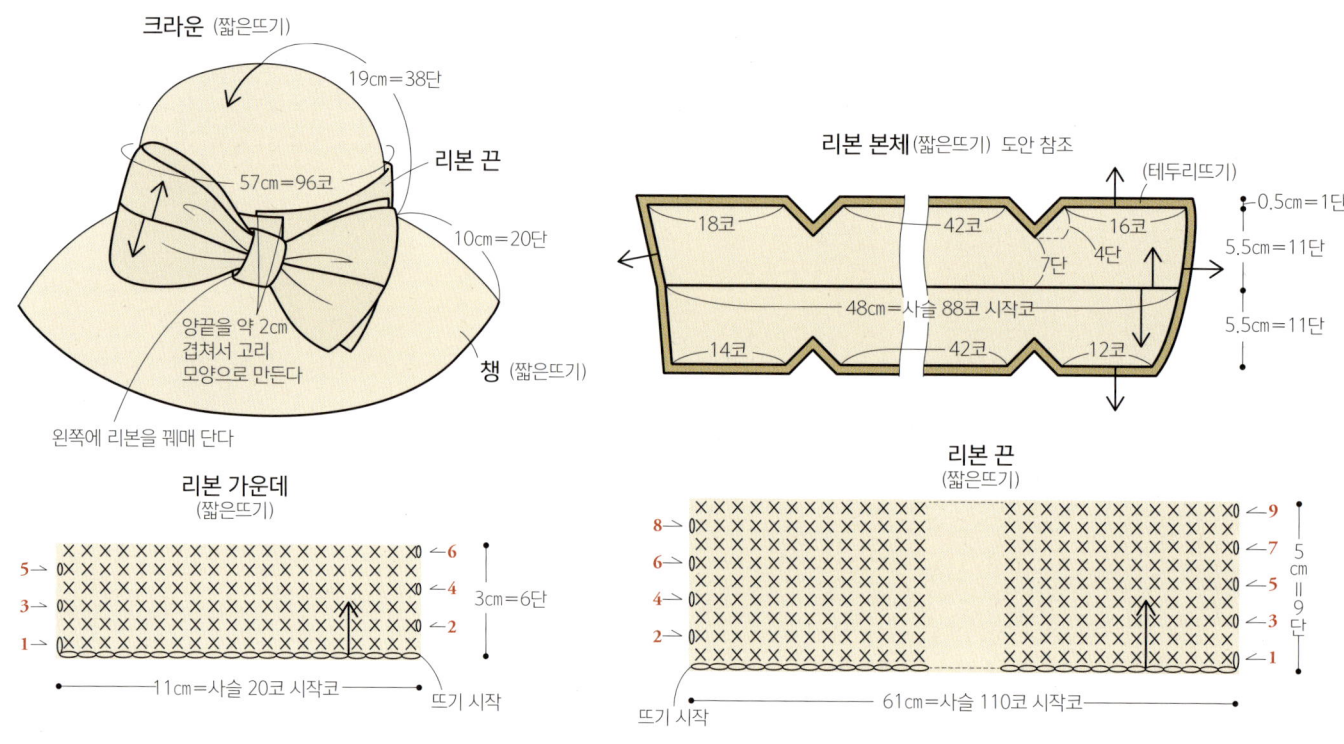

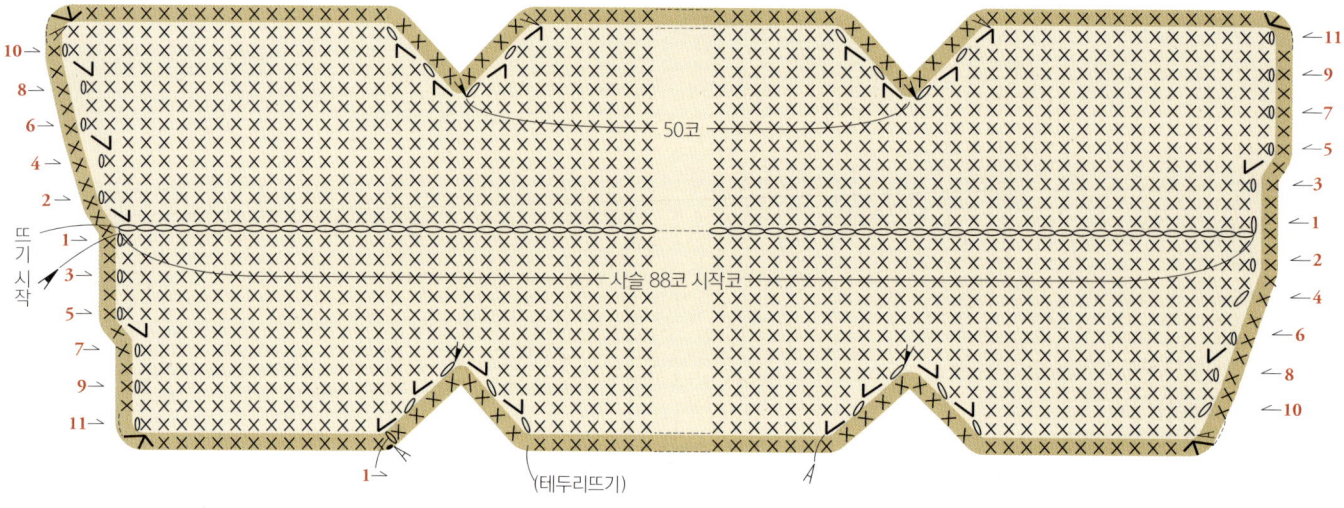

## 테크노로트를 감싸서 뜬다(P.37) 뜨기 끝 사슬 연결하기(P.37)

챙

3~18단 10회 반복한다
1단 24회 반복한다
증감 없음
8회 반복한다

크라운

### 리본 모양을 잡는 방법

움푹 들어간 부분을 맞춰서 겉쪽이 보이게 반으로 접는다

리본 본체 (겉)

움푹 들어간 부분에 리본 가운데를 감고 안쪽에서 감침질한다

24cm / 12cm

$\vee$ = 짧은뜨기 2코 늘려뜨기
$\vee\!\!\!\vee$ = 짧은뜨기 3코 늘려뜨기
$\wedge$ = 짧은뜨기 2코 모아뜨기
= 실을 연결한다  = 실을 자른다

### 콧수와 코 늘리기

| | 단 | 콧수 | 코 늘리기 | |
|---|---|---|---|---|
| 챙 | 19·20 | 190코 | 증감 없음 | 테크노로트를 감싸서 뜬다 |
| | 18 | 190코 | 10코 늘린다 | |
| | 16·17 | 180코 | 증감 없음 | |
| | 15 | 180코 | 10코 늘린다 | |
| | 13·14 | 170코 | 증감 없음 | |
| | 12 | 170코 | 10코 늘린다 | |
| | 10·11 | 160코 | 증감 없음 | |
| | 9 | 160코 | 10코 늘린다 | |
| | 8 | 150코 | 증감 없음 | |
| | 7 | 150코 | 10코 늘린다 | |
| | 6 | 140코 | 증감 없음 | |
| | 5 | 140코 | 10코 늘린다 | |
| | 4 | 130코 | 증감 없음 | |
| | 3 | 130코 | 10코 늘린다 | |
| | 2 | 120코 | 증감 없음 | |
| | 1 | 120코 | 24코 늘린다 | |
| 크라운 | 18~38 | 96코 | 증감 없음 | |
| | 17 | 96코 | 8코 늘린다 | |
| | 16 | 88코 | 증감 없음 | |
| | 15 | 88코 | 8코 늘린다 | |
| | 14 | 80코 | 증감 없음 | |
| | 13 | 80코 | 각 단마다 8코씩 늘린다 | |
| | 12 | 72코 | | |
| | 11 | 64코 | 증감 없음 | |
| | 10 | 64코 | 각 단마다 8코씩 늘린다 | |
| | 9 | 56코 | | |
| | 8 | 48코 | | |
| | 7 | 40코 | 증감 없음 | |
| | 6 | 40코 | 각 단마다 8코씩 늘린다 | |
| | 5 | 32코 | | |
| | 4 | 24코 | | |
| | 3 | 16코 | 증감 없음 | |
| | 2 | 16코 | 8코 늘린다 | |
| | 1 | 원 속에 8코 넣어 뜨기 | | |

## 검은 리본을 단 가방 PHOTO P.32-33

35

36

**실** 하마나카 에코안다리아(40g 1볼)
35 샌드베이지(169) 115g 검정(30) 15g /
36 샌드베이지(169) 60g 검정(30) 10g

**바늘** 하마나카 아미아미 양쪽 코바늘 라쿠라쿠 6/0호, 5/0호

**기타** 하마나카 원형 자석단추 각 1세트
35 18mm 앤티크(H206-041-3) /
36 14mm 앤티크(H206-043-3)

**게이지** 짧은뜨기(6/0호 코바늘) 18코 18단=10cm×10cm

**완성 치수** 그림 참조

### 뜨는 방법

실 한 가닥을 사용해서 지정한 바늘로 배색대로 뜹니다.
본체는 사슬로 시작코를 만들고 콧수 증감 없이 왕복해서 짧은뜨기합니다. 옆판, 리본 A, 리본 B도 같은 방법으로 뜹니다. 본체와 옆판의 겉쪽이 보이게 겹쳐 놓고 본체 쪽에서 두 장을 함께 짧은뜨기해서 잇습니다. 덮개 둘레도 짧은뜨기하고 반대쪽 옆판도 같은 방법으로 잇습니다. 고리를 달고 리본을 만들어서 덮개에 꿰매 답니다.
36은 어깨끈을 도안과 같이 떠서 옆판에 꿰매 답니다.

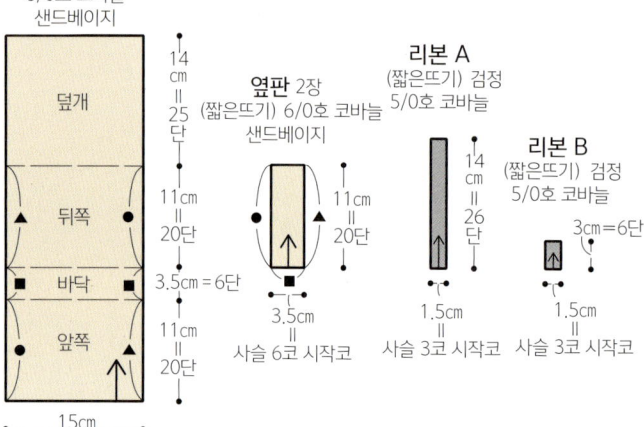
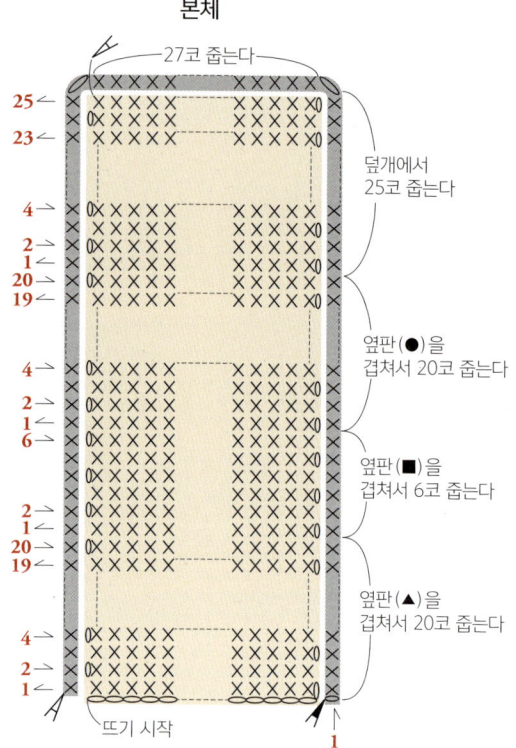
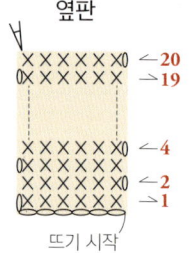
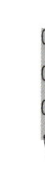
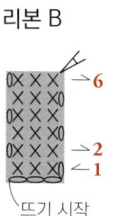
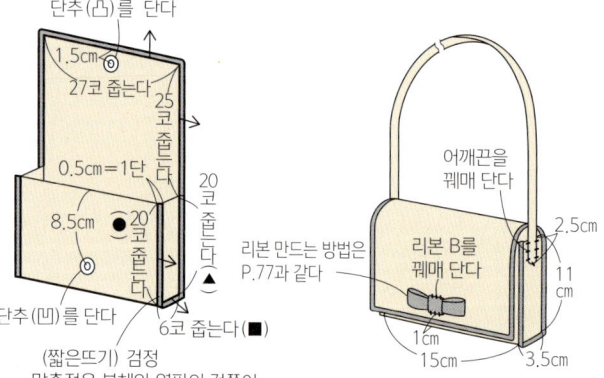
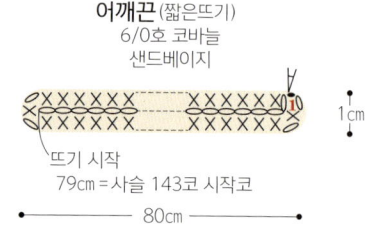
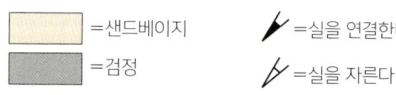

## 35

**본체** (짧은뜨기)
6/0호 코바늘
샌드베이지

- 덮개: 20cm = 36단
- 뒤쪽: 15cm = 27단
- 바닥: 5.5cm = 10단
- 앞쪽: 15cm = 27단
- 25cm = 사슬 46코 시작코

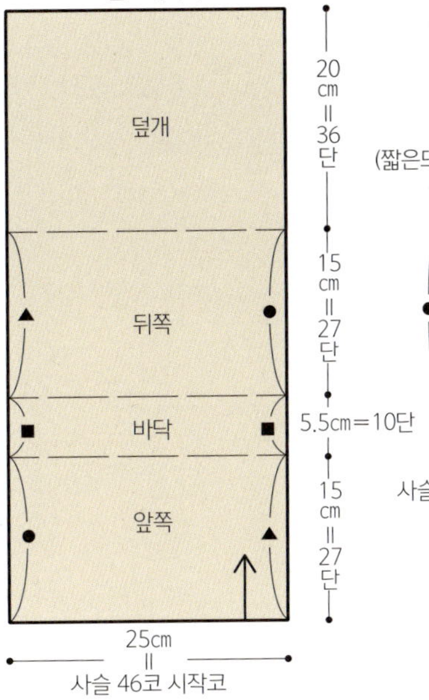

**옆판** 2장 (짧은뜨기) 6/0호 코바늘 샌드베이지
- 15cm = 27단
- 5.5cm = 사슬 10코 시작코

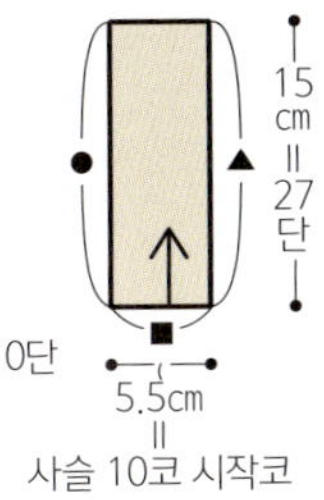

**리본 A** (짧은뜨기) 검정 5/0호 코바늘
- 18cm = 34단
- 2cm = 사슬 4코 시작코

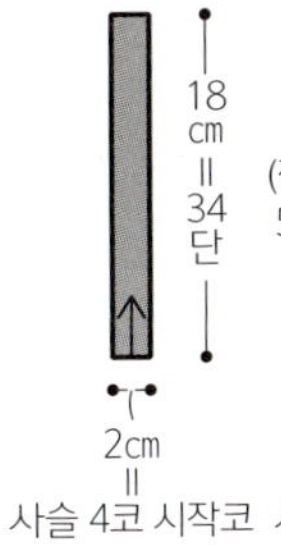

**리본 B** (짧은뜨기) 검정 5/0호 코바늘
- 4cm = 8단
- 2cm = 사슬 4코 시작코

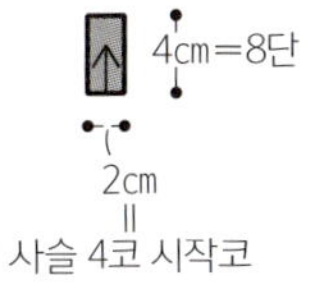

**본체** 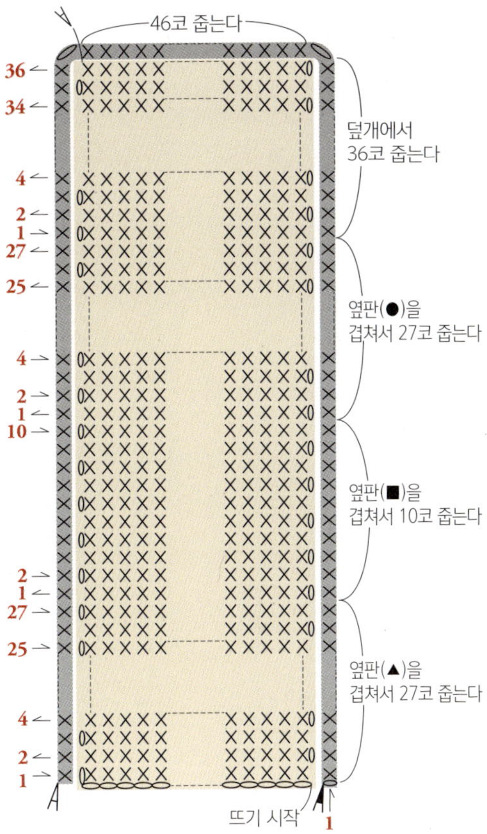
- 46코 줍는다
- 36, 34
- 4, 2, 1
- 27, 25
- 덮개에서 36코 줍는다
- 4, 2, 1, 10 — 옆판(●)을 겹쳐서 27코 줍는다
- 옆판(■)을 겹쳐서 10코 줍는다
- 2, 1, 27, 25 — 옆판(▲)을 겹쳐서 27코 줍는다
- 4, 2, 1
- 뜨기 시작 1

**옆판** — 27, 25, 4, 2, 1 — 뜨기 시작

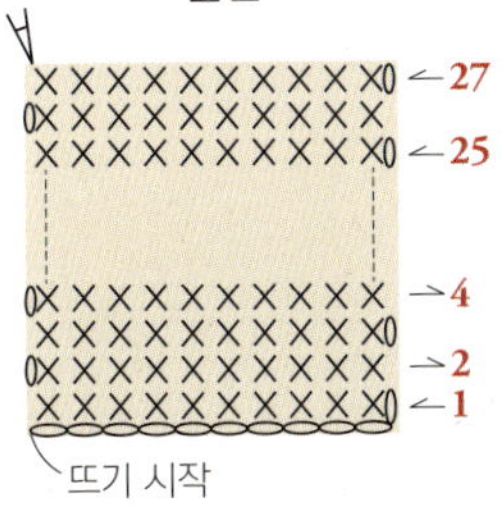

**리본 A** — 34, 33, 4, 2, 1 — 뜨기 시작

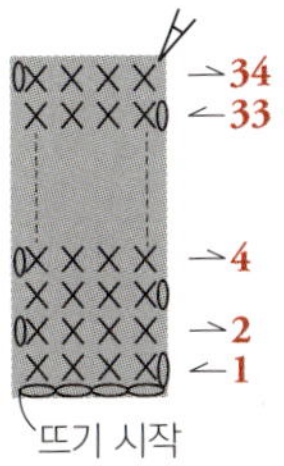

**리본 B** — 8, 2, 1 — 뜨기 시작

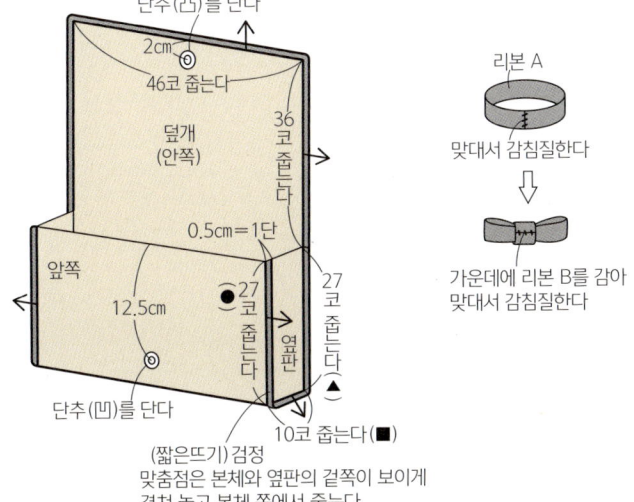

- 단추(凸)를 단다
- 2cm
- 46코 줍는다
- 덮개 (안쪽)
- 36코 줍는다
- 0.5cm = 1단
- 앞쪽
- 12.5cm
- 27코 줍는다
- 옆판
- 10코 줍는다 (■)
- 단추(凹)를 단다
- (짧은뜨기) 검정
- 맞춤점은 본체와 옆판의 겉쪽이 보이게 겹쳐 놓고 본체 쪽에서 줍는다

리본 A
맞대서 감침질한다
↓
가운데에 리본 B를 감아 맞대서 감침질한다

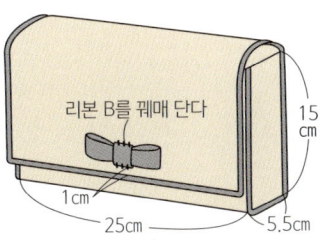

리본 B를 꿰매 단다
15cm
1cm  25cm  5.5cm

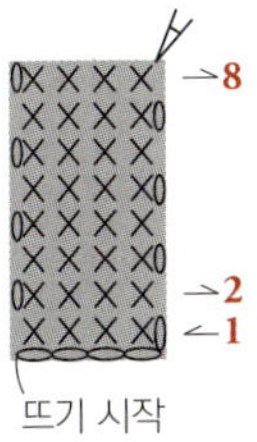

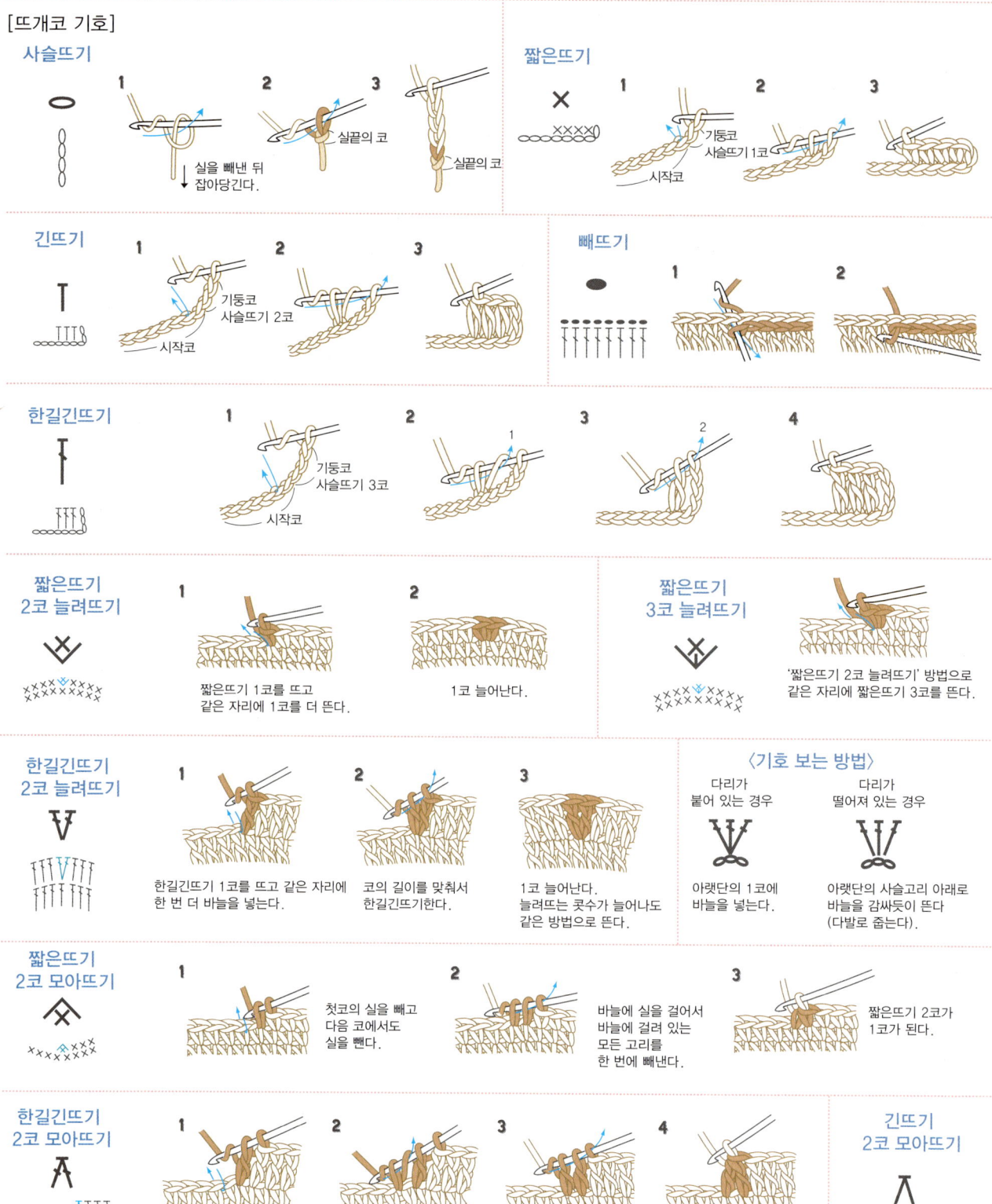

## 긴뜨기 3코 구슬뜨기

**1**
바늘에 실을 걸고 화살표와 같이 바늘을 넣어서 실을 뺀다(긴뜨기 미완성코).

**2**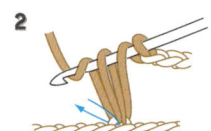
같은 자리에 긴뜨기 미완성코를 뜬다.

**3**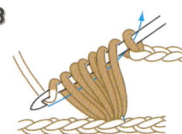
같은 자리에 긴뜨기 미완성코를 다시 한 번 뜨고 세 코의 길이를 맞춰서 한 번에 빼낸다.

**4**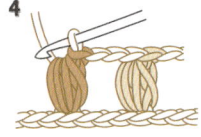

## 짧은뜨기 이랑뜨기(원통)

**1**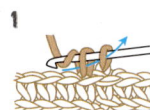
아랫단 짧은뜨기의 코머리 뒤쪽 반코만 주워서 짧은뜨기한다.

**2**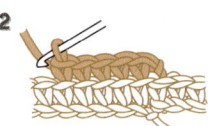
줄이 생기도록 뜬다.

## 짧은뜨기 이랑뜨기(왕복)

**1**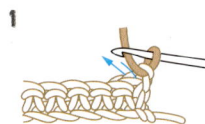
아랫단 짧은뜨기의 코머리 뒤쪽 반코만 줍는다.

**2**
짧은뜨기한다.

**3**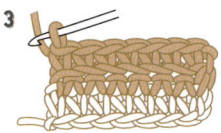
각 단마다 방향을 바꿔 왕복해서 뜬다. 2단에서 이랑 하나가 생긴다.

## 짧은뜨기 앞걸어뜨기

**1**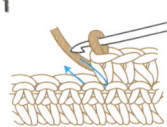
화살표와 같이 바늘을 넣어서 아랫단의 다리를 줍는다.

**2**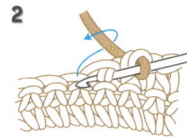
바늘에 실을 걸어서 짧은뜨기보다 길게 실을 뺀다.

**3**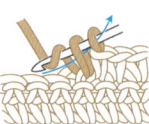
짧은뜨기와 같은 방법으로 뜬다.

## 되돌아 짧은뜨기

**1**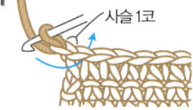
사슬1코
바늘을 앞쪽에서 돌려서 화살표와 같이 코를 줍는다.

**2**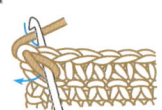
바늘에 실을 걸어서 화살표와 같이 실을 뺀다.

**3**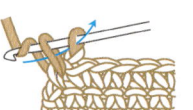
바늘에 실을 걸어서 고리 두 개를 빼낸다.

**4**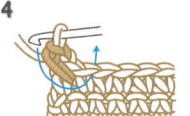

**5**
1~3을 반복하여 왼쪽에서 오른쪽으로 뜬다.

## [색 바꾸기] 원형뜨기의 경우

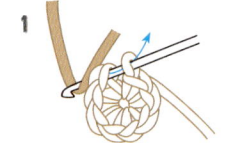

**1** **2**
색을 바꾸기 전의 코에서 마지막 실을 뺄 때 새로운 실로 바꿔서 뜬다.

## [감침질 잇기](코의 머리)

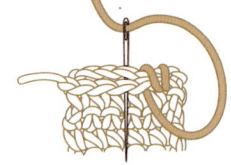

뜨개바탕을 겉쪽이 보이게 겹쳐 놓고 짧은뜨기의 머리 두 개를 한 코씩 줍는다.

## [사슬뜨기로 시작코를 만들어서 뜨는 방법]

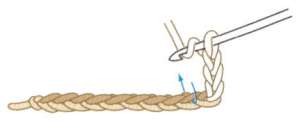

사슬코의 한쪽 실과 뒤쪽 코산의 실 한 가닥씩을 함께 줍는다.

## [원형 시작코]

**1** 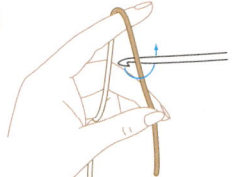 **2**  **3**
바늘에 실을 걸어서 화살표와 같이 실을 빼낸다.

**4**
기둥코를 사슬뜨기한다.

**5**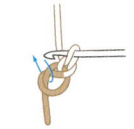
고리 사이에 넣어 뜬다.

**6**  **7**
실끝의 실도 함께 감싸서 뜬다.

**8**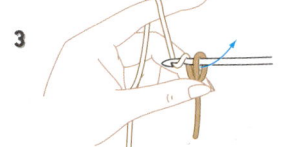
빡빡하게 당긴다
필요한 콧수를 넣어 뜨고 실끝을 당겨 조인다. 첫코에 화살표와 같이 바늘을 넣는다.

**9**
바늘에 실을 걸어서 빼낸다.

**10**

OYAKO DE TANOSHIMU ECO ANDARIYA NO BOSHI TO BAG
Copyright © 2020 Asahi Shimbun Publications Inc., All rights eserved.
Original Japanese edition published in Japan by Asahi Shimbun Publications Inc., Japan.
Korean translation rights arranged with Asahi Shimbun Publications Inc., Japan through
Imprima Korea Agency.

이 책의 한국어판 저작권은 Imprima Korea Agency를 통해
Asahi Shimbun Publications Inc.과의 독점 계약으로 지금이책에 있습니다.
저작권법에 의해 한국 내에서 보호를 받는 저작물이므로 무단전재와 무단복제를 금합니다.

## 엄마와 아이를 위한
## 에코안다리아 모자와 가방

| | |
|---|---|
| 초판 1쇄 인쇄 | 2020년 7월 10일 |
| 초판 1쇄 발행 | 2020년 7월 17일 |

| | |
|---|---|
| 지은이 | 아사히신문출판 |
| 옮긴이 | 김한나 |
| 감 수 | 정혜진 |
| 펴낸이 | 임현석 |
| 펴낸곳 | 지금이책 |
| 주소 | 경기도 고양시 일산서구 킨텍스로 410 |
| 전화 | 070-8229-3755 |
| 팩스 | 0303-3130-3753 |
| 이메일 | now_book@naver.com |
| 홈페이지 | jigeumichaek.com |
| 등록 | 제2015-000174호 |

ISBN   979-11-88554-40-9 (13590)

* 이 책의 내용을 무단복제하는 것은 저작권법에 의해 금지되어 있습니다.
* 잘못되거나 파손된 책은 구입하신 서점에서 교환해드립니다.
* 책값은 뒤표지에 있습니다.

이 도서의 국립중앙도서관 출판예정도서목록(CIP)은
서지정보유통지원시스템 홈페이지(http://seoji.nl.go.kr)와
국가자료공동목록시스템 (http://www.nl.go.kr/kolisnet)에서
이용하실 수 있습니다.(CIP제어번호: CIP2020024624)

작품 디자인
\*\*\*\*\*\*\*\*\*\*\*
아오키 에리코
우노 지히로
가네코 쇼코
가마타 에미코
가와이 마유미
기도 다마미
노구치 도모코
하시모토 마유코
후카세 도모미
blanco
Little Lion

북 디자인   아마노 미호코
촬영   다키자와 이쿠에(표지, P.1-35), 나카쓰지 와타루(과정)
스타일링   스즈키 아키코
헤어&메이크업   오이케 유키
모델   아카사카 유리, 사라 오바디아, 후고 F, 마이카 퓨
도안   다이라쿠 사토미, 시로쿠마공방
편집   고이데 가가리(리틀버드)
편집 데스크   아사히신문출판 생활·문화편집부(모리 가오리)

촬영 협조
CARAMEL
일본 도쿄도 시부야구 사루가쿠초 29-10 TEL. 81) 03-5784-2345
P.13의 블라우스, 스커트

NIMES 지유가오카점
일본 도쿄도 메구로구 지유가오카 1-7-8 아르스 지유가오카 1F
TEL. 81) 03-5726-8620

hakka kids / HAKKA
Orange hakka / HAKKA
일본 도쿄도 시부야구 시부야 3-5-5 HAKKA빌딩
TEL. 81) 03-3498-0701

실, 재료
하마나카 주식회사
우 616-8585 일본 교토시 우쿄구 하나조노야부노시타초 2번지 3
TEL. 81) 075-463-5151(대표)
http://www.hamanaka.co.jp
info@hamanaka.co.jp

인쇄물이므로 작품 색상이 실물과 조금 다를 수 있습니다.
* 이 책의 뜨개 방법에 관해서는 아래의 전화번호로 문의하시기 바랍니다.
리틀버드 TEL. 81) 03-5309-2260
접수시간 13:00~16:00(주말, 공휴일 휴무)